Kohlhammer

Die Autoren

Aloys Prinz, Studium der Volkswirtschaftslehre an der Universität des Saarlandes und an der Universität zu Köln; wissenschaftlicher Mitarbeiter bzw. anschließend wissenschaftlicher Assistent am Institut für Finanzen, Steuern und Sozialpolitik der Freien Universität Berlin; dort auch Promotion und Habilitation; Professor für Volkswirtschaftslehre an der Johannes Gutenberg-Universität Mainz (1993–2000); ab 2000 Professor für Volkswirtschaftslehre an der Westfälischen Wilhelms-Universität Münster; seit 2023 emeritiert. Veröffentlichungen in nationalen und internationalen Fachzeitschriften zu Themen der Steuer-, Finanz- und Wirtschaftspolitik. Gewinner des Deutschen Finanzbuchpreises 2015.

Hanno Beck, Studium der Volkswirtschaftslehre an der Johannes Gutenberg-Universität Mainz; danach dort wissenschaftlicher Mitarbeiter und Promotion zum Dr. rer. pol.; anschließend Mitglied der Wirtschaftsredaktion der *Frankfurter Allgemeinen Zeitung;* seit 2006 Professor für Volkswirtschaftslehre und Wirtschaftspolitik an der Hochschule Pforzheim. Zahlreiche Veröffentlichungen in Zeitungen, Magazinen und Fachzeitschriften; Bücher u. a.: *Glück. Alles was im Leben zählt* (Eichborn), *Medienökonomie* (Springer Verlag), im F.A.Z. Verlag: *Der Alltagsökonom, Der Liebesökonom* und *Die Logik des Irrtums;* bei Hanser: *Zahlungsbefehl, Abgebrannt, Geld denkt nicht* und *Die große Geldschmelze.* Gewinner des Deutschen Finanzbuchpreises 2013 und 2015.

Hanno Beck/Aloys Prinz

Fake News: Macht der Lügen

Verlag W. Kohlhammer

Dieses Werk einschließlich aller seiner Teile ist urheberrechtlich geschützt. Jede Verwendung außerhalb der engen Grenzen des Urheberrechts ist ohne Zustimmung des Verlags unzulässig und strafbar. Das gilt insbesondere für Vervielfältigungen, Übersetzungen, Mikroverfilmungen und für die Einspeicherung und Verarbeitung in elektronischen Systemen.

Dieses Werk enthält Hinweise/Links zu externen Websites Dritter, auf deren Inhalt der Verlag keinen Einfluss hat und die der Haftung der jeweiligen Seitenanbieter oder -betreiber unterliegen. Zum Zeitpunkt der Verlinkung wurden die externen Websites auf mögliche Rechtsverstöße überprüft und dabei keine Rechtsverletzung festgestellt. Ohne konkrete Hinweise auf eine solche Rechtsverletzung ist eine permanente inhaltliche Kontrolle der verlinkten Seiten nicht zumutbar. Sollten jedoch Rechtsverletzungen bekannt werden, werden die betroffenen externen Links soweit möglich unverzüglich entfernt.

Umschlagabbildung: © RealPeopleStudio – stock.adobe.com

1. Auflage 2024

Alle Rechte vorbehalten
© W. Kohlhammer GmbH, Stuttgart
Gesamtherstellung: W. Kohlhammer GmbH, Stuttgart

Print:
ISBN 978-3-17-043764-7

E-Book-Formate:
pdf: ISBN 978-3-17-043765-4
epub: ISBN 978-3-17-043766-1

Inhalt

1. Was sind Fake News? ... 7
2. Wie kommen Fake News zustande? ... 40
3. Wer sind die Akteure von Fake News? ... 67
4. Warum und wie funktionieren Fake News? ... 95
5. Was hilft gegen Fake News? ... 121
6. Zum Abschluss: Informationelle Selbstverteidigung ... 132

Anmerkungen ... 137

Stichwortverzeichnis ... 153

1
Was sind Fake News?

Propaganda, Fälschungen, Deep Fakes, alternative Fakten, Shit Storms und Verschwörungstheorien – irgendwie hat das alles etwas mit Fake News zu tun. Aber was genau ist das eigentlich, Fake News? Einerseits müssen wir uns fragen, wann etwas als Schwindel, als Fälschung (fake) gilt. Außerdem ist nicht alles eine Nachricht (news), was gefälscht werden kann. Um diese beiden Dimensionen des Phänomens Fake News auszuleuchten, wollen wir in diesem Kapitel ergründen, was Fake News sind und was sie nicht sind. Dazu wollen wir uns die schlimmsten Auswüchse des Informationszeitalters anschauen, beispielsweise die kinderbluttrinkenden Politiker der Qanon-Anhänger. Und wir zeigen Ihnen, wie schnell man ohne eigenes Zutun zum Porno-Star wird. Beginnen wir mit dem Versuch einer Definition: Was sind Fake News?

Pizza für den Mann im Mond

1835 ist das Jahr, in dem wir erstmals mit außerirdischem Leben in Berührung kommen. Der erste Bericht erscheint in der *New York Sun*: Die Zeitung berichtet von engelsgleichen Fledermausmenschen, die Sir John Herschel, ein damals bekannter und renommierter Astronom, mithilfe eines neuartigen Teleskops auf dem Mond entdeckt habe. In sechs Teilen beschreibt die Zeitung genüsslich das Leben auf dem Mond, Einhörner inklusive. Andere Zeitungen folgen, die *New York Sun* verkündigt stolz Auflagenrekorde. Selbst nachdem bekannt wurde, dass es ein Schwindel war, geisterte die Geschichte noch lange durch Magazine und Zeitungen – wer weiß, vielleicht ist ja doch ein Funken Wahrheit dran?[1]

Dieser »große Mond-Schwindel« – im Englischen spricht man von einem *hoax*, was Falschmeldung, Gerücht, aber auch Scherz bedeutet – wird oft als die Geburtsstunde der Fake News gehandelt. Zu Unrecht. Ein alternativer Preisträger für die Erfindung der Fake News wäre vielleicht Pharao Ramses II., der nach seinem vergeblichen Versuch, 1274 vor Christus im Krieg gegen das Hethiterreich die Stadt Kadesch einzunehmen, zu Hause in Ägypten einen großen Sieg seiner Truppen verkünden ließ.[2] Überhaupt scheinen besonders Herrscher keine Probleme gehabt zu haben, die Realität – sagen wir – ein wenig zurecht zu biegen: Ein treffendes Beispiel bietet erneut das alte Ägypten, wo sich Herrscher als heldenhafte Krieger in der Schlacht darstellen ließen, auch wenn sie nie auf einem Streitwagen gestanden hatten. Beschönigen, Verschweigen oder Verfälschen gehörte seit jeher zum Handwerkszeug der Politik.[3]

Aber war der Mond-Hoax nicht nur ein Scherz? Ist es falsch, wenn sich ein ägyptischer König auf einem Streitwagen darstellen lässt, obwohl er nie auf einem Streitwagen in die Schlacht gezogen ist? Sind das schon Fake News? Wenn in den sozialen Medien verbreitet wird, dass die amerikanische Präsidentschaftskandidatin Hillary Clinton in einer Pizzeria einen Kinderpornoring betreibe, ist das Fake News? Immerhin stürmte daraufhin ein 28-Jähriger mit einer Waffe die fragliche Pizzeria, um die Sache selbst zu untersuchen.[4] Er fand nur Pizzas, und die hätte er noch nicht einmal an den Mann im Mond und seine Einhörner schicken können, denn Mondlandungen sind nicht möglich, wie jeder gut ausgebildete Verschwörungstheoretiker weiß. Die Mondlandung(en) wurden schließlich nur fingiert. Einer der Fälle, in denen die Wahrheit zur Fälschung deklariert wird – sozusagen inverse Fake News.

Falschmeldungen, Scherze, Propaganda, Verschwörungstheorien, Übertreibungen oder geschönte Berichte – das alles sind Informationen, die nicht korrekt sind, aber sind es damit schon Fake News? Was macht Fake News aus? Kämpft man sich durch die Literatur zu diesem Thema,[5] so kommt man zu dem Schluss, dass sich Fake News durch mehrere Aspekte auszeichnen. Bei Fake News handelt es sich allgemein um Meldungen zu Tatsachen oder tatsächlichen Ereignissen, die

- falsch oder irreführend sind und
- das Ziel verfolgen, politischen Einfluss zu nehmen oder Profit zu machen.

Schauen wir uns das erste Element einmal näher an, auf die Ziele gehen wir im nächsten Abschnitt ein.

Der erste Teil dieses Kriteriums – falsch – scheint einfach zu bestimmen: Oft kann man ja prüfen, ob eine Information richtig oder falsch ist. Meldet beispielsweise eine spanische Nachrichtenagentur, dass der Fußballer Christiano Ronaldo in Chile ein Krankenhaus bauen will, so kann man diese Nachricht überprüfen, indem man ihn oder sein Management fragt, ob er das vorhat. Die Agentur des Spielers bestätigt, dass diese Information falsch ist, Fall geklärt. Unglücklicherweise finden sich im Internet immer noch viele Berichte, die diese Geschichte verbreiten – offenbar haben sie das Dementi der Agentur nicht mitbekommen.[6]

Tipp: Eine einfache Waffe im Kampf gegen Fake News ist das Prinzip des zweiten Blicks: Jede Information sollte aus mindestens zwei unabhängigen Quellen bestätigt werden, bevor man sie in die Welt setzt oder weiterverbreitet. Wichtig dabei ist das Wort »unabhängig«: Man sollte nicht nur auf diejenigen Quellen zugreifen, auf die sich bereits die Quelle beruft, aus der man die Information hat. Stattdessen nimmt man eine kurze Suche mithilfe einer Suchmaschine vor und gibt rasch ein paar Stichwörter ein. Oft genügt das schon, um zumindest die schlimmsten Falschmeldungen zu erkennen.

Ab hier wird der Weg steinig: Erstens lässt sich nur schwer bis gar nicht überprüfen, ob eine fehlerhafte Information wissentlich oder versehentlich oder aus Nachlässigkeit in Umlauf gesetzt wurde. Man mag zwar in vielen Fällen die böse Absicht ahnen, aber nachweisen lässt sie sich nur schwer. Zweitens wird es schwierig bei Informationen, die man nicht zweifelsfrei auf ihre Richtigkeit überprüfen kann. Zum Beispiel *Gerüchte* und *Spekulationen*: Hier wird über mögliche Fakten, Zusammenhänge oder Entwicklungen berichtet respektive spekuliert. Es werden Dinge als Tatsachen behauptet, die nicht wahr oder nicht überprüfbar sind. Wenn also Gerüchte auftauchen, dass Christiano Ronaldo seinen Verein Manchester United verlassen wird, so ist das eben nur ein Gerücht, auch wenn es unter dem Anschein einer wahren Aussage daherkommt. Gerüchte lassen sich auch nicht aus der Welt schaffen, indem der Betroffene sie dementiert,[7] denn er könnte ja lügen, es könnte ja etwas Wahres dran sein. Gerüchte sind letzten Endes nur Vermutungen, die sich erst im Nachhinein bestätigen oder nicht – bisweilen kann man sie noch nicht einmal im Nachhinein verifizieren. Die Gründe für einen tatsächlichen Vereinswechsel von Ronaldo können sich deutlich von denen unterscheiden, auf denen das Gerücht basierte. Vielleicht wollte er gar nicht wechseln, musste aber. Oder falls sich das Gerücht im Nachhinein nicht bestätigt und Ronaldo bei seinem Verein bleibt, kann es dennoch sein, dass er wechseln wollte, aber nicht wechseln konnte oder durfte.

Tipp: Meldungen, die mit dem Wort »soll« arbeiten oder »informierte Kreise« zitieren, sollte man immer mit Vorsicht und gesundem Misstrauen begegnen. Solange sie keine Tatsachen enthalten, die sich eindeutig beweisen oder verwerfen lassen, sind es nur Spekulationen.

Gerüchte und Spekulationen an sich haben keinen eigenständigen Wahrheitsgehalt. Solange sie als solche gekennzeichnet sind, haben sie durchaus ihre Berechtigung. Kommen sie aber als Wahrheitsbehauptungen daher und sind kaum noch als Spekulationen zu erkennen, haben sie die Grenze zu Fake News überschritten. Sie haben dann manipulativen Charakter. Das gilt auch für tendenziöse Berichte, also Berichte, die in ihrer Darstellung verzerrt sind. Im Englischen spricht man davon, dass Berichte einen *spin* haben. Man frisiert die Informationen in eine gewünschte Richtung, indem man bestimmte Fakten oder Details betont und andere weglässt. Auch hier bewegt man sich hart am Rand von Fake News.

Fälscht man Fakten oder Daten, dann sind das eindeutig Fake News. Doch wenn man bestimmte Informationen etwas deutlicher ausschmückt und betont, andere Argumente unter den Tisch der guten oder schlechten Absichten fallen lässt – ist das dann falsch? Irreführend? Schwer zu sagen, denn kein Bericht kann alle Fakten umfassend berücksichtigen, und die Gewichtung von Informationen ist nie objektiv. Und wenn es nicht willentlich und wissentlich geschieht – der Verfasser hatte vielleicht nicht alle Informationen oder Fakten zur Hand, wollte aber eigentlich alles objektiv darstellen – ist der Bericht dann als Fake News zu bezeichnen? Beschränkt man sich darauf, nur solche Berichte und Darstellungen als Fake News zu bezeichnen, die wissentlich und willentlich Falschinformationen verbreiten oder aber so geschickt aufbereitet sind, dass kaum zu erkennen ist, dass es sich um Gerüchte oder Spekulationen handelt, dann erwischt man den harten Kern der Fake News, also *Fake News im engeren Sinn*.

Etwas anderes gilt für unwissentlich falsche oder unvollständige Berichte und Darstellungen. Unseres Erachtens kann man sie allenfalls als *Fake News im weiteren Sinn* bezeichnen, die allerdings nahezu unvermeidlich sind. Erweisen sich solche Berichte und Darstellungen aber im Nachhinein als fehlerhaft oder falsch und werden dann nicht korrigiert, verwandeln sie sich in Fake News im engeren Sinn.

In diesem Buch bezeichnen wir Berichte, Darstellungen, Meldungen usw. als Fake News, wenn sie zu den Fake News im engeren Sinn gehören. Solche Nachrichten sind also bewusst und willentlich falsch bzw. so geschickt formuliert, dass man ihre spekulative Natur kaum erkennen kann. Sie zeichnen sich durch ihren manipulativen Charakter aus, der bestimmte Ziele verfolgt. Das bringt uns zum nächsten Punkt: Welche Ziele werden mit Fake News verfolgt und wer verfolgt sie? Lassen Sie uns zur Beantwortung dieser Frage den Bus nehmen.

Ziele von Fake News

Rot ist er, der Bus. Knallrot. Innen: schwarze Ledersitze, ein Tisch mit Vertiefungen für Getränke. Außen auf dem Bus, riesig, in weißen Buchstaben: »Wir senden jede Woche 350 Millionen Pfund an die EU. Lasst uns lieber das nationale Gesundheitssystem damit finanzieren. Stimmt für den Austritt«. Quer durch das Land fährt der Bus, an Bord der einstige Bürgermeister Londons und prominenteste Befürworter eines EU-Austritts Großbritanniens, des *Brexit*: Boris Johnson.[8] Umfragen zufolge glaubte fast die Hälfte der britischen Bürger an die 350 Millionen Pfund – obwohl diese Zahl kräftig »korrigiert« wurde. Ökonomen rechneten nach und kamen nur auf 140 Millionen britische Pfund.[9] Rund 45 Prozent der Briten glaubten zudem auch, dass die Türkei bald Mitglied der EU würde und dann 75 Millionen Türken auf die Insel ziehen dürften.[10]

Der Austritt Großbritanniens aus der EU, der nur mit einer hauchdünnen Mehrheit zustande kam, war eines der prominentesten Schlachtfelder für Demagogen, Ideologen und Informationsfälscher.

Doch nicht nur der Brexit war ein Tummelplatz für Halbwahrheiten, Lügen, Fälschungen: Die US-Präsidentschaftswahl 2016 gilt als ein weiterer solcher Kriegsschauplatz im Kampf um die Deutungshoheit in der Politik. Im Wahlkampf des rechten brasilianischen Politikers Jair Bolsonaro im Jahr 2018 war eine Babyflasche in Form eines Penis zu sehen, die der Gegner Bolsonaros angeblich bei einem Wahlsieg in Kindergärten verteilen wollte.[11] Durch das Indien des Jahres 2019 ging während der Wahlen ein Video, in dem angebliche Anhänger der Regierungschefin von Westbengalen, einer der wichtigsten Oppositionspolitikerinnen des Landes, Mitglieder der Regierungspartei BJP totschlagen.[12]

> **Tipp:** Politik wird bereits im Volksmund als ein »schmutziges Geschäft« bezeichnet. Misstrauen Sie daher Zitaten von Politikern aus zweiter Hand, die gerne aus dem Kontext gerissen sind. Und wenn Sie wissen wollen, was eine Partei wirklich vorhat, lesen Sie das Wahlprogramm – auch wenn das sich nach der Wahl des Öfteren als geschönt herausstellt.

Aber nicht nur in Wahlkämpfen werden Fake News benutzt, um politisch Stimmung zu machen. Generell werden Fake News auch dazu verwendet, Zustimmung für eine Sache zu entfachen oder Vorurteile gegen eine andere Gruppe zu schüren. So auch in Deutschland während des Bundestagswahlkampfs 2017, wo behauptet wurde, die Polizei würde die Straftaten von Migranten vertuschen oder dass Migranten mithilfe einer Website auch in Deutschland wählen könnten.[13] Eine Zielsetzung von Fake News ist also die Beeinflussung von Wahlen, das Schüren von Stimmungen, um den politischen Einfluss einer Ideologie zu erhöhen. Gerne werden solche Fake News auch gegen den politischen Gegner persönlich gerichtet, mit bisweilen beabsichtigten Nebenwirkungen. So wie am 23. April 2013.

Am 23. April 2013 erschüttern zwei Explosionen das Weiße Haus. Präsident Barack Obama wird schwer verletzt, meldet die renommierte Nachrichten-Agentur AP. In der Folge verliert der amerikanische Aktienmarkt innerhalb weniger Minuten 130 Milliarden Dollar. Kurz darauf muss AP zerknirscht eingestehen, dass der Twitter-Account (diese Plattform wurde später in »X« umbenannt) der Agentur – eine Art Mikro-Nachrichtendienst, bei dem jedermann schnell und unkompliziert Kurznachrichten an den Rest der Welt schicken kann – gekapert wurde, gehackt, wie man auch sagt. Eine Gruppe, die den syrischen Präsidenten Bashar al-Assad unterstützt, behauptete, für diese Attacke verantwortlich zu sein und die Falschinformation verbreitet zu haben.[14] Zwar erholten sich die Aktienkurse wieder, nachdem AP mitgeteilt hatte, dass es sich um eine Falschmeldung handelte, aber dieser Vorfall zeigt, wie anfällig Kapitalmärkte für Information, Desinformation und Falschinformation sind.[15]

Aktienmärkte sind Horte der Spekulation, der Gerüchte und Vermutungen – sie sind also ein geradezu ideales Biotop für falsche Nachrichten. Eine Masche, um damit Geld zu verdienen, sind sogenannte Pump-and-dump-Schemen, frei übersetzt mit »Blas es auf und wirf es raus«. Dazu kauft man zuerst eine Aktie billig ein, streut dann Gerüchte über diese betreffende Aktie, um den Kurs hochzutreiben. Hat man Erfolg, steigt der Wert der Aktie und man verkauft sie, bevor herauskommt, dass die Gerüchte oder Nachrichten falsch waren.

Tipp: Wenn Sie mit Aktien ernsthaft fürs Alter vorsorgen wollen, kaufen Sie niemals Aktien von Unternehmen, die Sie nicht kennen, kaufen sie niemals aufgrund irgendwelcher Gerüchte und kaufen oder verkaufen sie auch nicht hektisch unter Zeitdruck, nur weil die Kurse aufgrund von Unruhen und Gerüchten Achterbahn fahren. Wenn Sie den Nervenkitzel lieben, richten Sie sich ein Konto mit Spielgeld ein, spekulieren Sie nach Herzenslust auf Gerüchte, Insidertipps und ähnliche Kapriolen – und seien Sie nicht enttäuscht, wenn das Spielgeld irgendwann (meist schnell) weg ist.

Damit haben wir ein zweites Motiv für Fake News: Geld. Man streut falsche Nachrichten oder Gerüchte, manipuliert so die Preise von Vermögenswerten wie Aktien oder Anleihen und kassiert dann ab. Dabei ist die Grenze zwischen Falschmeldungen, Manipulation und Marketing fließend: Wenn ein Anleger in diversen Internet-Foren Reklame macht für seine eigenen Aktien, und dabei deren Vorzüge anpreist, die Risiken aber, sagen wir, vergisst – ist das dann Marktmanipulation? Fake News? Damit kommen wir zu einem dritten Motiv für Fake News: Marketing, Werbung, Imagepflege, wobei hier die Grenzen zwischen Fake News und berechtigter, übertriebener oder unverschämter Werbung wieder verschwimmen. Letztlich stehen dahinter aber auch handfeste kommerzielle Interessen.

Ebenfalls in diese Kategorie fallen Fake-Anzeigen, die Nutzer auf eine Homepage locken sollen. So wurde 2022 bekannt, dass der Moderator Markus Lanz verhaftet wurde – wer würde nicht auf diesen Link klicken, um zu erfahren, was geschehen ist? Klickt man auf diese Anzeige, landet man auf einer täuschend echten Nachrichtenseite, die erklärte, der Moderator sei verhaftet worden, weil er eine sensationelle Geldanlagestrategie habe verraten wollen – selbst Anleger ohne jegliche Kenntnis könnten 7.000 Euro am Tag verdienen. Klickte man auf den entsprechenden Link zum Angebot, gelangte man auf eine der üblichen Finanz-Fallen, wo man vielleicht 7.000 Euro am Tag verlieren kann – das ist aber auch alles. Die gefälschte Nachricht von der Verhaftung eines Prominenten ist der Köder, mit dem man auf unseriöse Seiten gelockt wird, wo man dann sein Geld loswird.

Fake News können sogar Finanzkrisen heraufbeschwören: So denkt Bundesbankpräsident Joachim Nagel darüber nach, die Bankenaufsicht auf soziale Medien auszuweiten. Der Grund: Falsche Nachrichten über die Schieflage einer Bank können dazu führen, dass besorgte Kunden ihr Geld abziehen – tun das zu viele Kunden gleichzeitig, bricht die Bank zusammen – »Bank Run« nennen das die Fachleute.

Nagel vermutet, dass der Zusammenbruch einer amerikanischen Bank, der Silicon Valley Bank, durch Äußerungen in sozialen Medien zumindest beschleunigt wurde.[16]

Damit haben wir die beiden wichtigsten Motive für Fake News identifiziert: politische und wirtschaftliche Interessen, anders gesagt: Macht und Geld. Daneben gibt es noch die Gruppe der eher menschlichen Motive bei Fake News: Anerkennung, Geltungsbedürfnis, Klatschsucht, Langweile, Spaß daran, Chaos zu stiften oder schlichtweg schlechte Erziehung. Wenn also die Nachricht kursiert, dass eine Frau ihre 65 Katzen abgerichtet hat, um zu stehlen, ein Mann einen Pädophilen zu Tode gegrillt hat, Facebook, ein Anbieter eines sozialen Netzwerkes, Konten mit Rechtschreibfehlern schließt oder ein Angestellter einer Leichenhalle beim Nickerchen versehentlich verbrannt wurde, dann stehen dahinter bisweilen recht einfache menschliche Bedürfnisse oder schlichte Gemüter.[17]

Werbung und PR

Ein Blick in das allabendliche TV-Programm: Wir werden mit Werbung überschwemmt. »Produktinformation« nennt sich das. Neutral ausgedrückt, informieren Unternehmen mit Werbung über die Eigenschaften ihrer Produkte (in Werbeprospekten oft auch über Preise). Auch wenn man Werbung nicht für bare Münze nehmen darf, verrät sie doch sehr viel darüber, wie die entsprechenden Unternehmen ihr Produkt wahrgenommen haben wollen. Das bedeutet, sie unterbreiten uns mit Werbung Produkteigenschaften,[18] die aus ihrer Sicht den Wünschen und Sehnsüchten der (tatsächlichen und potentiellen) Kunden nahekommen oder entsprechen.

Was ist der Unterschied zwischen Werbung und Fake News? Jeder weiß, dass Werbung übertreibt. Jeder weiß, wie man an bessere Informationen zum Produkt kommt. Der partielle Fake-Charakter der Werbung ist offensichtlich. Es besteht eine gewisse Nähe zu Fake News, da sich nicht alle Kunden die Mühe machen, das Produkt näher zu untersuchen oder objektive Informationen zu suchen. Werbung versucht, Verhalten in eine bestimmte Richtung zu lenken, auch mit Informationen, die nicht (ganz) korrekt sind. Wenn Sie so wollen, steckt ein gewisser Umfang an Manipulation in Werbung. Alle Organisationen werben, auch politische Parteien und Politiker, Regierungen, Interessenvertreter und Lobbyisten. Auch diese Werbung (sie wird als »Public Relations« oder kurz PR bezeichnet) hat eine gewisse Nähe zu Fake News, mit der Absicht, zu manipulieren.

Der amerikanische Philosoph Harry Frankfurt hat dies in seinem 2006 in Deutschland publizierten und Furore machenden Buch *Bullshit* wie folgt kritisiert:

> » Auf dem Gebiet der Werbung und der Public Relations und dem heute damit verbundenen Gebiet der Politik finden sich zahllose eindeutige Fälle von Bullshit, die als unbestreitbare und sogar klassische Beispiele dieses Genres gelten können. (…) Gerade in dieser fehlenden Verbindung zu Wahrheit – in dieser Gleichgültigkeit gegenüber der Frage, wie die Dinge wirklich sind – liegt meines Erachtens das Wesen des Bullshits.[19]

Werbung und PR haben die Funktion, gebündelt Information bereitzustellen, allerdings regelmäßig keine objektive und keine vollständige. Indirekt zahlen wir selbstverständlich auch dafür, allerdings nur verdeckt, beispielsweise (und vor allem) in den Produktpreisen.

Was verhindert, dass Werbung im Unternehmensbereich und PR in der Politik vollständig zu Bullshit (gleichbedeutend mit »heißer Luft«[20]) oder sogar zu Fake News werden? Unseres Erachtens lautet die Antwort: Die Konkurrenz zwischen den Werbenden in Kombination mit kritischem Journalismus und ebenso kritischen

Verbrauchern und dem Verbraucherschutz. Die Konkurrenz eines Unternehmens achtet darauf, dass dieses nicht zu sportlich in seinen werbenden Aussagen wird, die politische Opposition schaut genau hin, wenn die regierende Partei ihre Weisheit und Güte preist – jeweils aus Eigeninteresse. Fehlt dieses Eigeninteresse oder fehlt es an Fach- und Sachwissen, gibt es andere (teilweise auch staatliche) Organisationen, die diese Aufgaben übernehmen: Sie kennen vermutlich die Stiftung Warentest, die Produkte testet, es gibt Verbraucherschutzinstitutionen und -gesetze, unabhängige Zeitungen, die politische Aussagen kommentieren, es gibt den öffentlich-rechtlichen Rundfunk, dessen Verfassungsauftrag in qualitativ hochwertiger, neutraler Berichterstattung besteht. Diese Institutionen verhindern, dass Werbung und PR vollends zu Fake News mutieren.

Horror-Clowns: Post-truth, alternative Fakten und andere Umdeutungen der Realität

Das Jahr 2016 ist zum Gruseln: Eine Horror-Clown-Welle versetzt die Welt in Angst und Schrecken. Dabei verkleiden sich (vermeintliche) Spaßvögel als Clowns und erschrecken Passanten. Im Netz verbreiten sich Videos von Grusel-Clowns, die ihre Mitmenschen erschrecken, rasch kursieren Gerüchte von clownesken Gewalttaten. Während echte Clowns auf den Straßen für Schrecken sorgen, sehen manche den wahren Horror-Clown nicht auf der Straße, sondern im Weißen Haus: Am 8. November wird der Republikaner Donald Trump zum 45. Präsidenten der Vereinigten Staaten gewählt. Trump steht in den Augen seiner Kritiker sinnbildlich für das Wort des Jahres 2016: *post-truth*.[21]

Der Begriff stammt – soweit man das überblicken kann – aus einem Essay des serbisch-amerikanischen Schriftstellers Steve Tesich, der im Januar 1992 im Magazin *The Nation* erschien.[22] *Post-truth* – das meint eine Welt, in der Fakten weniger Einfluss haben als Emotionen und persönliche Überzeugungen, eine Welt, in der nicht Argumente, sondern Appelle an Emotionen und Vorurteile die öffentliche Meinung prägen. Es ist kein Zufall, dass *post-truth* das Wort des Jahres 2016 wird – sowohl der Wahlkampf Trumps als auch das in diesem Jahr stattfindende Referendum zum EU-Austritt Großbritanniens wurden zum Schlachtfeld der postfaktischen Wahrheiten, wie es im Deutschen heißt.

Ist *post-truth* gleich Fake News? Schwer zu sagen. Schaut man sich die verschiedenen Ansichten und Definitionen zu *post-truth* an, so steht hier eher die Idee im Vordergrund, Gefühle statt Fakten sprechen zu lassen, Objektivität, Fakten und Daten zu diskreditieren – man wittert schon den Appell an den »gesunden Menschenverstand«. Damit ist die Abgrenzung zu einem anderen Begriff – dem des Populismus – recht schwierig. Populistische Strömungen oder Parteien wenden sich gerne an »das Volk« und »die Bürger«, und betonen Begriffe wie »Nation«, »Kultur«, »Gerechtigkeit«. Inhaltsleere Begriffe in die Debatte werfen (wer wäre schon gegen mehr Gerechtigkeit?) und komplexe Probleme auf einfache Lösungen reduzieren – mehr Reichensteuern, weniger Ausländer oder das Ende des Kapitalismus –, das ist Populismus. Politische Gegner werden dabei gerne als Feinde dargestellt, als Knechte anderer, dunkler Mächte verunglimpft. Die Übergänge vom Stammtischniveau zur Demagogie als Stilmittel sind fließend.

Populismus und *post-truth* appellieren beide an Emotionen, moralisieren und argumentieren wenig faktenbasiert (wenn überhaupt). Entsprechend sind beide rasch dabei, Wissenschaft und wissenschaftliche Meinungen abzulehnen, gerne mit dem Verweis darauf, dass man es besser wisse, »die Wissenschaft« ohnehin gekauft sei oder im Auftrag höherer Mächte handele. Als Abgrenzung zu Fake News könnte man sagen, dass Fake News mit Falschinformationen arbeiten, während Populismus im engeren Sinne keine Fakten erdichtet oder erfindet, sondern einen recht selektiven, plakativen, vereinfachten und emotionalen Blick auf die Faktenlage hat oder Fakten komplett ignoriert. Was allerdings nicht ausschließt, dass auch Populisten der Wahrheit ein neues Kleid anziehen; die Übergänge von einer Abwertung der Fakten hin zu Fälschungen und Lügen sind fließend.

Den Begriff der Propaganda kann man getrost zum Populismus packen. Auch bei Propaganda geht es darum, die öffentliche Meinung und Wahrnehmung von Themen und Ereignissen zu beeinflussen, indem man Informationen unterschlägt, verdreht, ihnen einen Dreh, einen *spin* in die gewünschte Richtung gibt und vor allem an Emotionen und Vorurteile appelliert. Man könnte auch sagen, dass Propaganda Populismus mit größerer Lautstärke ist.

Eine weitere Umdeutung der Realität liest sich etwa so:

》 *Kellyanne Conway:* Seien Sie nicht so dramatisch, Chuck. [...] Sie sagen, es ist eine Lüge. Und sie haben ... Sean Spicer, unser Pressesprecher, hat dazu alternative Fakten präsentiert. Aber der Punkt bleibt bestehen ...

》 *Chuck Todd:* Moment mal ... Alternative Fakten? [...] Vier der fünf Fakten, die er nannte, waren einfach nicht wahr. Sehen Sie, alternative Fakten sind keine Fakten. Es sind Unwahrheiten.[23]

Dieses Interview der Beraterin des frisch vereidigten amerikanischen Präsidenten Donald Trump, Kellyanne Conway, im Jahr 2017 gilt als Geburtsstunde des Begriffes »alternative Fakten«. In dem Interview geht es um die Frage, wie viele Menschen zur öffentlichen Vereidigung Trumps nach Washington gekommen sind. Trump war der Ansicht, dass die Medien die Zahl viel zu klein angegeben hatten; also ließ er alternative Fakten – sprich: andere Besucherzahlen – nennen.

Schaut man ein wenig ins Land der alternativen Fakten, so könnte man diese im Sinne ihres geistigen Vaters in etwa so definieren: »Ich nenne es wahrheitsgemäße Übertreibung. Es ist eine unschuldige Form der Übertreibung – und eine sehr effektive Form der Werbung«, lässt sich Trump selbst zitieren.[24] Alternative Fakten könnte man in diesem Sinne als eine Übertreibung tatsächlicher Fakten umschreiben – eine Million Dollar Vortragshonorar statt der tatsächlichen 400.000, das größte Publikum, das je einer Amtseinführung eines amerikanischen Präsidenten beigewohnt hat. Man übertreibt, um sich in ein besseres Licht zu setzen, um zu imponieren, um sich einen Vorteil zu verschaffen.[25] Wer es etwas genauer nimmt, nennt das eine Lüge; will man es beschönigen, so würde man von Angeberei, Übertreibung sprechen, es Flunkern nennen oder Beschönigen.

Aber ab wann ist eine Behauptung eine Übertreibung? Stellt man bestimmte Fakten in den Vordergrund, während man andere Fakten unter den Tisch der guten oder schlechten Absichten fallen lässt – ist das dann schon eine Übertreibung? Gelogen? Darf man im Interesse einer guten Geschichte den Fakten ein wenig Glanz verpassen? Zeit für einen Blick auf einen der größten deutschen Journalismus-Skandale der Nachkriegsgeschichte.

Der Junge aus Syrien: Narrativer Journalismus

Mouawiya Syasneh heißt der Junge. Mit 13 Jahren wird er zum Helden, weil er den syrischen Präsidenten Assad mit einem Graffito verunglimpft haben soll. Später gilt er als der Junge, der den Syrienkrieg auslöste. Im Nachrichtenmagazin *Der Spiegel* findet sich eine Reportage über den Jungen, mit vielen Details, szenisch, einfühlsam, dramatisierend. Der Verfasser dieser rührseligen Geschichte ist längst eine deutsche Reporterlegende geworden – allerdings eine düstere Legende. Sein Name: Claas Relotius. Noch im Dezember

2018 zeichnet ihn eine Jury mit dem Deutschen Reporterpreis für diesen Text aus, zum vierten Mal in Folge. Das hatte vor Relotius, der mit Journalistenpreisen zugeschüttet wurde, keiner geschafft. Das hatte Relotius auch nicht geschafft. »Packend« nennt die Jury die preisgekrönte Reportage, »eine wichtige Geschichte, sehr gut erzählt«, man sei »von der stilistischen Brillanz des Autors beeindruckt« gewesen, »genial erzählt«, die »Relevanz des Themas und die dichte Erzählweise« hätten überzeugt.[26]

Wenig später muss die Jury des Reporterpreises zerknirscht zugeben, dass sie einem Betrüger aufgesessen war: »Wir sind erschüttert, wir sind enttäuscht, wir sind wütend und, ja, wir schämen uns, dass wir diesem Betrüger auf den Leim gegangen sind«.[27] Das dramaturgische Konzept des Textes, so die Jury, sei eine Fiktion gewesen. »Ein Kinderspiel« hieß der Text, und ein Kinderspiel war es offenbar für Relotius, die deutsche Medienwelt, die Öffentlichkeit, die Leser über Jahre hinweg zu täuschen.

Nachdem die erste Fälschung aufgetaucht war, begann die wohl größte journalistische Hygiene-Aktion, die der deutsche Journalismus bis dahin gesehen hatte: Alle Texte von Relotius, die er im *Spiegel*, in der *NZZ*, in der *Frankfurter Allgemeinen Sonntagszeitung*, im *Cicero* und anderen deutschsprachigen Qualitätsmedien veröffentlicht hatte, wurden auf den Prüfstand gestellt – und den meisten wurde die Journalisten-TÜV-Plakette versagt. Relotius kupferte bei anderen Medien ab, ohne diese als Quelle zu nennen, er dramatisierte an vielen Stellen, fügte frei erfundene Fakten und Details hinzu, erfand Interviews und Figuren, Szenen und Zitate bis hin zu kompletten Geschichten.[28]

Später, in einem Interview, wird Relotius sagen, dass er psychisch krank sei und dass er »in der unverrückbaren Überzeugung geschrieben« habe, es würde bei einer Reportage keinen Unterschied machen, ob alles eins zu eins der Realität entspricht.[29] Damit hat er einen Punkt: Ist es bei einer Reportage wichtig, dass alles exakt der Wahrheit entspricht? Oder ist es – aus stilistischen Gründen – erlaubt, der Szenerie etwas mehr Farbe anzudichten? Gut, man kann sich darauf einigen, dass alle Fakten, auch die Details stimmen müssen – aber darf man eine Reportage, einen Bericht, nicht packend schreiben? Beispielsweise, wenn man über einen Vierfach-Mord schreibt?

Genau das tut im Jahr 1966 der Schriftsteller Truman Capote: Er schreibt einen nicht-fiktionalen Roman, *Kaltblütig*, in dem er die Morde an einer vierköpfigen Familie in Kansas in Romanform rekonstruiert – die Grenzen zwischen Tatsachenerzählung und Thriller verschwimmen. Capote wird für diesen Roman gefeiert als Wegbereiter des New Journalism, der zwar auf Fakten basiert, aber literarische Stilmittel einsetzt und eine subjektive Perspektive einnimmt – die Grenzen zwischen Literatur und Berichterstattung verschwimmen. In eine ähnliche Richtung gehen Konzepte wie der literarische Journalismus, Storytelling oder der narrative Journalismus[30] – die Feinheiten in den Unterschieden in diesen Konzepten sind etwas für Journalismus-Seminare, sie sollen uns hier nicht aufhalten. Das entscheidende gemeinsame Element dieser Konzepte besteht darin, Texte mit erzählerischen Elementen anzureichern; man nimmt eine subjektive Perspektive ein, erzeugt einen Spannungsbogen, erzählt eine Geschichte.

Mit diesen Konzepten von Journalismus im Hinterkopf scheint der Fall Relotius die logische Konsequenz einer Entwicklung zu sein, in der Journalisten immer mehr zu Reportern, Reporter immer mehr zu Geschichtenerzählern geworden sind. Hier eine kleine Überspitzung, dort ein kleines Detail dramatisiert und überbetont, und von da an ist es nicht mehr weit zum Erfinden von Details, aus denen dann erfundene Fakten, Personen und Handlungen werden.

1 Was sind Fake News?

Wie fließend die Grenzen hier sind, zeigt auch der Fall René Pfister, der erste Preisträger des renommierten Egon-Erwin-Kisch-Preises, der den Preis wieder zurückgeben musste. Gewonnen hatte Pfister 2010 mit einer Reportage über den CSU-Politiker Horst Seehofer, die er mit einer szenischen Darstellung Seehofers vor seiner Modelleisenbahn im Keller seines Ferienhauses begann – ein wunderschöner szenischer Einstieg in ein Politiker-Portrait. Das fand die Jury des Egon-Erwin-Kisch-Preises auch, bis sich herausstellte, dass Pfister nie in Seehofers Keller gewesen war – er hatte sich die Eisenbahn-Sache lediglich von Kollegen erzählen lassen. Grund genug für die Jury, Pfister den Preis wieder abzuerkennen.[31] »Szenische Rekonstruktion« nennt sich die Methode, szenisch über Ereignisse zu berichten, bei denen man nicht dabei war.

Ist das schon eine Fälschung? Fake News? Der *Spiegel* jedenfalls – für den Pfister geschrieben hat – äußerte unter der Überschrift »In eigener Sache« sein Unverständnis über die Aberkennung des Preises. Es seien schon öfter Geschichten mit dem Egon-Erwin-Kisch-Preis ausgezeichnet worden, die szenische Rekonstruktionen enthielten.[32] Ob der *Spiegel* das auch heute noch, nach dem Fall Relotius, so sehen würde? Das Problem an solchen stilistischen Mitteln oder kleinen Flunkereien, die eigentlich bedeutungslos für die Reportage sind, besteht darin, dass kleine Unkorrektheiten oder Fehler die Glaubwürdigkeit der großen Medienhäuser untergraben.

Die Reportage war »zu schön, um wahr zu sein«, sagt ein Jury-Mitglied über den Siegertext von Relotius,[33] und genau das ist die Gefahr: Man feilt so lange an einem Thema, den Personen, den Fakten und Details herum, bis sich ein stimmiges Bild ergibt, das in das Weltbild des Journalisten, Lesers oder Jury-Mitglieds passt. Das wirft eine interessante Frage auf: Wie objektiv kann, darf oder muss Journalismus sein? Ab wann wird aus einem korrekten Artikel ein Zerrbild? Und sind das dann schon Fake News?

Ein Gespenst geht um: Meinung gegen Fakten

Alle Jahre wieder geht es um in Europa, das Gespenst, erstmals im Jahr 1848, zuletzt im Jahr 2022, als das Nachrichtenmagazin *Der Spiegel* auf seiner Titelseite fragte: »Hatte Marx doch Recht?« Auf acht Seiten werden in einem bunten Mix Mittelständler, Fondsmanager, Ökonomen, eine Aktivistin und ein Philosoph präsentiert, die mehr oder weniger das gleiche Lied singen: Der Kapitalismus ist am Ende, Wachstum ist schlecht, der Staat muss eingreifen – ein eher apokalyptisches Endzeitszenario, das mit der Forderung nach mehr Investitionen in Bildung und Infrastruktur, einer Reform der Steuersysteme und umfassender und kostengünstiger Kinderbetreuung endet.[34]

Der Artikel liest sich süffig, schlüssig und alarmierend – genau so, wie man es vom *Spiegel* gewohnt ist. Und der Tenor ist so, wie es seine Leser von ihm erwarten: kapitalismuskritisch, alarmistisch, gerne mit einem Schuss Weltuntergang, extrem und apokalyptisch in den Grundsatzaussagen, aber zahm und harmlos in den politischen Schlussfolgerungen. Der Kapitalismus geht unter, aber wir können uns mit besserer Kinderbetreuung retten. Man will wohl die gutverdienende Leserschaft nicht allzu sehr verschrecken.

Liest man den Artikel als ausgebildeter Ökonom, als eher konservativer Wähler oder als Opfer totalitärer Auswüchse des Kommunismus, so findet man weniger Freude daran: Für die Ökonomen stehen in dem Artikel nicht nur merkwürdige Dinge (beispielsweise die Ausführungen zur ökonomischen Klassik, die haarsträubend sind[35]), sondern auch Aussagen oder Ideen, die man sehr kontrovers diskutieren könnte und müsste. Nicht jeder Ökonom glaubt, dass der Staat alles besser kann als der Markt, und es gibt zahlreiche Ökonomen, die den Begriff »Wachstum« differenzierter sehen als die Idee, dass »jeder Turnschuhfabrikant jedes Jahr nochmal fünf Millionen Paar Sneaker mehr absetzen« muss. Man könnte fast jeden Absatz des Artikels auch mit umgekehrter Tonalität schreiben; zumindest, wenn man an die Idee vom Journalismus als Informationsquelle glaubt, hätte man in dem Artikel auch Gegenmeinungen zu Wort kommen lassen können oder sogar müssen. Das aber hätte den süffigen Weltuntergangsduktus gestört, das Lesen wäre anstrengender geworden und am Ende des Artikels wäre ein ratloser Leser zurückgeblieben, der nicht weiß, was oder wem er glauben soll. Doch genau das ist vermutlich der Wunsch der Leser: eine einfache, leicht verständliche Welt mit klaren Fronten – wir gut, die anderen böse – und einfache Lösungen, die nicht zu sehr weh tun. Über diesen Aspekt der Nachfrage nach Informationen sprechen wir später.

Die entscheidende Frage lautet: Ist ein Artikel, der korrekt, aber einseitig über einen Sachverhalt berichtet, falsch? Fake? Muss man stets auch andere Meinungen oder Fakten benennen? Zunächst benötigen wir Definitionen dafür, was wir hier unter »Meinungen« und »Fakten« verstehen. Wir halten uns dabei an die entsprechenden Begriffsbestimmungen, die auch das Bundesverfassungsgericht verwendet. Diese Definitionen sind daher erstens die rechtlich relevanten, wenn es um das Grundrecht der Meinungsfreiheit geht, und sie zeichnen sich zweitens dadurch aus, dass sie dem Sprachgebrauch entsprechen.

> **Definition:** »*Meinung* sind vor allem Werturteile jeglicher Thematik. Eine Meinung zeichnet sich dadurch aus, dass sie ein ›*Element der Stellungnahme, des Dafürhaltens, des Meinens im Rahmen einer geistigen Auseinandersetzung*‹ aufweist. Ob die Äußerung begründet oder grundlos, emotional oder rational ist, als wertvoll oder wertlos, gefährlich oder harmlos eingeschätzt wird, ist unerheblich.«[36]

Meinungen sind demnach in erster Linie Werturteile. Werturteile haben einen subjektiven Charakter: Man kann ihnen zustimmen oder sie ablehnen, aber sie nicht als »objektiv wahr« oder »objektiv falsch« bezeichnen. Dies ist bei Tatsachen (auch Fakten genannt) –

oder eigentlich genauer: bei Äußerungen über Tatsachen – anders. Bei ihnen kann zwischen »objektiv richtig« und »objektiv falsch« unterschieden werden, sie sind wertungsfrei.

> **Definition:** »Tatsachen sind objektive, dem Beweis zugängliche Umstände. Wesensmerkmal von Tatsachenäußerungen ist, dass zwischen der Äußerung und der Realität eine *objektive Beziehung* besteht und die Äußerung *beweisbar* oder *widerlegbar* ist.«[37]

So klar und deutlich diese Unterscheidung ist, ist in vielen Fällen nicht klar, ob es sich um Meinungen oder Tatsachen handelt. Das Problem besteht darin, dass unter Heranziehung von Tatsachen Werturteile gefällt werden. Das sieht dann so aus, als ob sich aus den Tatsachen wie von selbst die werturteilsbasierten Meinungen ergeben. Ein Beispiel: Nehmen wir an, ein Unternehmen hat eine Million Gewinn gemacht, aber 1.000 Beschäftigte entlassen. Nun kann man wie folgt formulieren: »Unternehmen X hat 1.000 Mitarbeitende entlassen [eine korrekte Tatsache], obwohl es eine Million Euro Gewinn gemacht hat [auch dies ist korrekt]. Das ist nicht hinnehmbar [ein Werturteil]«. Der erste Satz enthält (annahmegemäß) zwei korrekte Fakten, der zweite Satz ein Werturteil. Das Werturteil folgt allerdings nicht aus den Fakten, sondern stellt eine (subjektive) Bewertung der Fakten dar. Tatsächlich folgt die Bewertung der Entlassungen als »nicht hinnehmbar« aus einem anderen Werturteil, von dem unterstellt wird, dass ihm alle zustimmen, und das deshalb in der obigen Argumentation unterschlagen wird: »Unternehmen, die Gewinne machen, sollten niemanden entlassen.« Mit der rhetorischen Konstruktion der Aussage, die Bewertung ohne Umweg aus den Fakten zu folgern, scheint eine Art »Faktizität des Werturteils« angestrebt zu werden. Das heißt, man versucht die Meinungsäußerung zu »objektivieren«: Man kann (soll oder darf) ihr nicht widersprechen. Insgesamt stellt der Text in Anführungszeichen aber dennoch eine Meinung dar, da ein Werturteil enthalten ist.

Sicher ist, dass man nie ausgewogen alle Seiten eines Themas beleuchten kann, nie alle Argumente nennen kann. Zudem dürfte es schwierig sein, bei der Formulierung unliebsamer Argumente der Versuchung zu widerstehen, diese ein wenig stiefmütterlich zu behandeln oder sie in einem schlechteren Licht erscheinen zu lassen. Die klassische Auffassung von Journalismus ist die Trennung von Nachricht und Kommentar – erst das rein nachrichtliche Stück, dann die kommentierende Einordnung durch den Journalisten, die auch als solche kenntlich gemacht wird. Je mehr man von dieser Devise abweicht, umso mehr bewegt man sich von der Information zur Meinungsmache. Und bietet damit Kritikern Angriffsfläche, die die Unausgewogenheit des betreffenden Mediums – oder aller Medien generell – bemängeln. Nein, solche Stücke sind keine Fake News, aber sie sind auch nicht mehr das, was man sich als journalistisches Ideal wünscht: unvoreingenommene, kenntnisreiche Stücke, die dem Leser die Möglichkeit lassen, sich eine eigene Meinung zu bilden.

Tipp: Wenn Sie mit einem Beitrag konfrontiert werden, in dem alles schlüssig zusammenpasst, versuchen Sie systematisch Gegenargumente zu generieren: Was spricht gegen die Ideen dieses Beitrags, wie könnten andere, von dem Thema betroffene Personen denken? Hat der Verfasser auch kritische Stimmen zitiert? Und denken Sie daran: Vermutlich finden Sie kein Thema, bei dem sich alle Experten einig sind.

Aus den weiter oben angegebenen Definitionen für »Meinung« und Tatsachen ergibt sich unmittelbar, dass Tatsachenäußerungen nicht als Meinung anzusehen sind. Rechtlich ist das wegen der grundgesetzlich garantierten Meinungsfreiheit relevant. Wir gehen hier davon aus, dass *Tatsachenbekundungen keine Meinung* darstellen, da sie kein Werturteil enthalten. Wie die obige Definition von »Meinung« zeigt, fehlt ihnen damit derjenige Bestandteil – ein Werturteil –, der sie zu Meinungen machen könnte. So weit, so gut. Wie sieht es aber mit folgender Aussage aus: »Ich glaube, dass die

Erde eine Scheibe ist«? Hier lässt sich einerseits mit einigem Recht sagen, dass diese Tatsachenbehauptung – falls es eine ist – falsch ist: Die Physik sagt uns – objektiv überprüfbar –, dass die Erde keine Scheibe ist. Man kann die Aussage aber auch so verstehen, dass sie gar nicht so sehr von der Erde und ihrer vermeintlichen Scheibenform handelt, sondern erneut von meiner persönlichen Überzeugung. Und solange die Phrase »Ich glaube, ...« den Verzicht auf einen Wahrheitsanspruch meint, kann ich glauben, was ich will. So gesehen stellt diese Aussage eine Meinung und keine Tatsachenbehauptung dar. Das »Ich glaube, ...« signalisiert, dass aller Anspruch fallen gelassen wurde, etwas über die Welt und nicht nur über die eigenen Überzeugungen zu sagen. Demgegenüber ist die Aussage »Die Erde ist eine Scheibe« eine Tatsachenbehauptung, die nachweisbar falsch ist.

Zu guter Letzt müssen wir uns noch mit einem Aussagenkonstrukt beschäftigen, das leider häufig vorkommt. Nehmen wir erneut das obige Beispiel mit Unternehmen X und nehmen an, das Unternehmen hat statt eines Gewinns einen Verlust von einer Million Euro gemacht. Wie ist jetzt die obige Aussage zu beurteilen? »Unternehmen X hat 1.000 Mitarbeitende entlassen [korrekte Tatsache], obwohl es eine Million Euro Gewinn gemacht hat [falsch, es hat einen Verlust gemacht]. Das ist nicht hinnehmbar [ein Werturteil]«. Jetzt wird eine beweisbar falsche Tatsachenbehauptung (Gewinn statt Verlust) verwendet, um das Werturteil (»nicht hinnehmbar«) zu begründen. Es bleibt aber dabei, dass diese Aussage insgesamt eine Meinungsäußerung darstellt, da sie ein Werturteil enthält. Als Meinungsäußerung ist sie ein subjektives Werturteil, auch wenn eine Teilaussage nachweislich falsch ist. Als Meinungsäußerung hat sie keinen objektiven Wahrheitsgehalt.

Verfassungsrechtlich gilt auch für Meinungsäußerungen, die mit falschen Tatsachenbehauptungen verbunden sind, dass sie durch das Recht der freien Meinungsäußerung gedeckt sind.[38] Dennoch bieten solche sprachlichen Konstrukte die Möglichkeit, falsche Tatsachen zu behaupten: Im Raum und im Gedächtnis der Leser bleibt nämlich die Behauptung, dass ein hochprofitables Unternehmen 1.000 Personen entlassen hat. Und *diese* Behauptung, ohne das anschließende Werturteil, ist im Beispiel objektiv falsch. An dieser Stelle hilft nur kritisches und genaues Lesen oder Zuhören, um nicht auf die falsche Tatsachenbekundung hereinzufallen.

Jetzt sehen Sie, dass erstens die Unterscheidung von Fakten und Meinungen wichtig ist und dass man zweitens sehr aufpassen muss, ob es sich bei einer Aussage um Fakten handelt (»Die Erde ist eine Scheibe«: falsch) oder um eine Meinung, sei es ein Werturteil oder eine Meinung über die Welt (»Ich glaube, die Erde ist eine Scheibe«: Ich würde dieser Meinung nicht zustimmen).

Willkommen in der Postmoderne: Satire

Der Klimawandel fordert neue Opfer: So verfügt die Stadt Osnabrück, dass auf den Karussells der Stadt keine Autos, Lkw, Flugzeuge, Helikopter, Motorräder und exotische Tiere mehr ihre Runden drehen dürfen, sondern nur noch Nutztiere, Fahrräder, Kutschen oder Fahrzeuge des öffentlichen Personennahverkehrs. Es gehe um klimafreundliche Erziehung, schreibt die *Neue Osnabrücker Zeitung*, die bereits im Kindesalter, auch auf dem Karussell beginnen müsse.[39] Der Artikel wird rasch geteilt, wandert durchs Netz, versehen mit dem Aufschrei der Empörung über Politik und Öko-Religion. Leider zu viel der Empörung: Der Artikel war ein Scherz. Wer die gedruckte Seite – im Netz war der Artikel nicht zu finden – in der Hand hielt, konnte aus dem Kontext sehen, dass es ein Scherz war; im Netz kursierte aber nur ein Foto des Artikels.[40]

Satire, die überspitzte Darstellung der Realität, mit dem Ziel, Menschen zum Schmunzeln, Lachen oder Nachdenken zu bringen, wird allgemein nicht als Fake News betrachtet – schließlich soll Satire der Unterhaltung dienen und nicht einem derjenigen Ziele, die wir bereits im Zusammenhang mit Fake News kennengelernt haben. Seiten wie *Die Tagespresse* (»Inflationsanpassung: Vienna City Marathon heuer um 4,2 Kilometer länger«[41]) oder *Der Postillon* (»Zu teuer und ineffizient: Regierung stellt umstrittenes Chemtrail-Programm ein«[42]) lassen klar erkennen, dass hier Spaß gemacht wird – was aber nicht ausschließt, dass das ein oder andere erregte oder schlichte Gemüt Nachrichten aus diesen Ecken für bare Münze nimmt. Das ist der kleine Haken an Satire: Sie will bisweilen auch ernst genommen werden, damit der Überraschungseffekt umso größer ist, wenn man nachher »April, April« ruft. Je glaubhafter eine Satire klingt, umso größer das Erstaunen oder Amüsement, wenn der Scherz anschließend aufgelöst wird, und umso größer der erzieherische Effekt, wenn man beginnt, darüber nachzudenken. Vor allem muss man dazu wissen: Es besteht keine Verpflichtung, Satire als solche kenntlich zu machen. Und manchmal holt die Realität die Satire eben ein: Vorhang auf für die »transformative Hermeneutik der Quantengravitation«.

Im Frühjahr 1996 erscheint eine Sondernummer der Zeitschrift *Social Text*, die dem »Wissenschaftskrieg« gewidmet ist. In ihr findet sich auch ein Artikel des amerikanischen Physikers Alan Sokal, »Grenzüberschreitung: Auf dem Weg zu einer transformativen Hermeneutik der Quantengravitation«.[43] *Social Text* ist nicht irgendeine beliebige Zeitschrift, sondern ein führendes wissenschaftliches Journal für Kulturwissenschaften, das sich selbst als »mutige und kontroverse Vorreiterin auf dem Gebiet der Kulturwissenschaften« sieht und seine Aufmerksamkeit »konsequent auf Fragen von Geschlecht, Sexualität, Rasse und Umwelt richtet und Schlüsselwerke der einflussreichsten Sozial- und Kulturtheoretiker veröffentlicht«.[44]

In der Tat veröffentlichen in *Social Text* renommierte Autoren. Solche Zeitschriften unterliegen in der Regel einer strengen Qualitätsprüfung. Umso schlimmer, dass Sokal nach der Veröffentlichung seines Artikels einen zweiten Artikel in einer anderen Fachzeitschrift, *Lingua Franca*, publizierte, in dem er erklärte, dass alles nur ein Scherz gewesen sei.[45] Sokal hatte sich schon lange darüber geärgert, dass Autoren, die er als »postmodern« bezeichnete, sich in ihren Texten der Vokabeln, Begriffe und Theorien der Physik bedienten, ohne davon wirklich Ahnung zu haben. Also puzzelte er einen Text zusammen, gespickt mit Fachjargon, Fremdwörtern, Geschwafel und völlig sinnlosen Zusammenhängen – eine Satire auf postmoderne Texte und Autoren, die anstandslos in einem wissenschaftlichen Fachmagazin veröffentlicht wurde, ohne dass die Herausgeber bemerkt hätten, dass es sich um eine solche handelt. So erklärte Sokal beispielsweise im ersten Text die »physikalische ›Realität‹« zu einem sozialen und linguistischen Konstrukt. Wer glaube, dass die Gesetze der Physik bloß soziale Konstrukte seien, dem bot Sokal im zweiten, dem aufklärenden Text (in dem er seinen Streich enthüllte) an, diese Hypothese zu testen, indem er aus dem Fenster seines Appartements im 21. Stock hüpft. Das Ziel von Sokals Satire war, den postmodernen Autoren vor Augen zu führen, dass Teile dieses Wissenschaftsbetriebs zu ideologisch gefärbten, teils sinnentleerten Veranstaltungen geworden waren.[46] Seine Satire hat eine veritable Debatte über Sinn und Unsinn in den Wissenschaften angestoßen, insofern ihr Ziel erreicht. Oder?

Schnitt, 22 Jahre später. In der Fachzeitschrift *Gender, Place and Culture* erscheint ein Aufsatz über das Sexualverhalten von Hunden im Park, mit der Schlussfolgerung, dass man Männern wie einem Hund die Neigung zur sexuellen Gewalt abtrainieren müsse.[47] Die Autoren dieser von akademischen Gutachtern gelobten Arbeit: der Philosoph Peter Boghossian, der Mathematiker James Lindsay und die Frühneuzeit-Forscherin Helen Pluckrose. Insgesamt 20 Arbeiten mit bizarren Thesen schickten die drei Akademiker unter wechselnden Pseudonymen an Fachjournale – sieben davon wurden als wissenschaftliche Arbeit akzeptiert und veröffentlicht. Besonders Soziologie, Gender-, Race- und Sexuality-Studies seien anfällig für poststrukturelle Themen: Vergewaltigungskultur bei Hunden, astrologischer Feminismus, bis hin zu der Forderung, privilegierte weiße, männliche Studenten in Ketten zu legen – die Gutachter hatten offenbar wenig Einwände. Einzig die in einem Papier beschriebene Inspektion der tierischen Genitalien wurde gerügt, da es die Privatsphäre der Hunde verletzen könne. Das Papier wurde dennoch von *Gender, Place and Culture* als einer der besten Forschungsbeiträge der Zeitschrift ausgezeichnet.

Solche Wissenschaftsskandale sind natürlich Wasser auf die Mühlen konservativer Kreise, die in Gender-Studies und ähnlichen Disziplinen intellektuellen Nonsens sehen und das Wort *woke* als Schimpfwort betrachten. Allerdings haben sie hier einen Punkt: Wenn Wissenschaft nicht mehr von Satire zu unterscheiden ist, besteht Diskussionsbedarf. Aber wie ist es möglich, dass renommierte Wissenschaftsjournale blanken Unfug veröffentlichen? Die Antwort ist Ideologie: Die Gesinnung, der korrekte Gebrauch von ideologischen Kampfbegriffen und Forschungsresultate, deren Ergebnisse die jeweilige Ideologie untermauern, sind wichtiger als Daten, Fakten und Logik. In einem solchen Klima ist der Weg nicht mehr weit zu einem wissenschaftsfeindlichen Klima, das Ideologie vor Empirie und Logik setzt.

Tipp: Eigentlich würden wir hier gerne schreiben, dass etwas Satire sein muss, wenn es zu phantastisch klingt. Leider aber ist die Wirklichkeit bisweilen skurriler, als wir uns das vorstellen können. Also hilft neben der Allzweckwaffe, den Verstand einzuschalten (»Kann das wirklich sein?«), einen Blick in andere Quellen zu werfen, eine kurze Eingabe in der Suchmaschine zu tätigen. Und nicht zuletzt: Achten Sie auf das Datum – ist es der 1. April?

Geheimnisse, die keine sind: Verschwörungstheorien

Um 17 Uhr steht der Gewinner fest: Norbert Hofer wird neuer Bundespräsident Österreichs. Der TV-Sender *Euronews* verbreitet ein Video, in dem zu sehen ist, dass eine Hochrechnung 53 Prozent der Stimmen für Norbert Hofer zählt. Hofer liege deutlich vorne, meldet der Sender. Doch nur kurze Zeit später wird Alexander Van der Bellen als neuer Bundespräsident ausgelobt, und das Netz schäumt: Wie könne es sein, dass nach so einer Hochrechnung Van der Bellen klar gewinnt? Rasch macht die Geschichte von der Wahlfälschung die Runde.[48]

Euronews rudert später auf Twitter zurück: »Das war Zwischenstand 17 Uhr, keine Hochrechnung. Habens nicht gut erklärt. Sorry! Kein Wahlbetrug. Nur wir sind schuld«, twittert der Sender.[49] Was war passiert? Der Sender hatte keinen Korrespondenten in Wien, sondern nur einen Journalisten in Lyon, der ein Bild aus der Wiener Hofburg, in dem der Zwischenstand der Wahlen zu sehen war, irrtümlich für eine Hochrechnung hielt. Der Zwischenstand war aber nicht aussagekräftig, da gegen 17 Uhr vor allem ländliche Bezirke ausgezählt waren, aber viele Landeshauptstädte nicht, in denen Van der Bellen deutlich vorne lag. Die Richtigstellung von *Euronews* nutzte wenig – rasch kursierte das Video auf Desinformationsseiten und in den Sozialen Medien, zusammen mit dem Vorwurf des Wahlbetrugs.

Die Mondlandung war getürkt, Regierungen manipulieren mit Chemtrails das Klima oder die Zeugungsfähigkeit der Bevölkerung, die Anschläge auf der World Trade Center wurden von der amerikanischen Regierung verübt, Wahlen wurden gestohlen – an Verschwörungstheorien besteht kein Mangel. Einige davon sind recht absurd: Die Erde ist eine Scheibe, Politiker foltern in unterirdischen Kellern Kinder, um aus deren Blut Adrenochrom zu gewinnen, das den menschlichen Stoffwechselprozess aufhält, die Welt wird von Echsenmenschen regiert.

Die Verschwörungstheorien der gehobenen Klasse gehen etwas subtiler vor: Man nimmt einzelne Details, die stimmen, reißt sie aus dem Kontext, erzählt eine plausible Geschichte drum herum und garniert das Ganze mit erfundenen, aber schwer nachprüfbaren Fakten – fertig ist der Verschwörungscocktail. Ein schönes Beispiel für eine solche Konstruktion ist der immer wieder geäußerte Vorwurf, dass die amerikanische Geldpolitik von den amerikanischen Geschäftsbanken gemacht werde, weil denen die amerikanische Notenbank Fed gehöre. Auf den ersten Blick ist da etwas dran, denn in der Tat sind alle national tätigen Geschäftsbanken Mitglied bei den zwölf regionalen Federal-Reserve-Banken, ihnen gehören diese regionalen Banken. Auf die Geldpolitik der amerikanischen Notenbank hingegen haben sie keinen Einfluss. Auch andere Zentralbanken, beispielsweise die Schweizer Zentralbank, haben private Eigentümer, die allerdings keinen Einfluss auf die Geldpolitik haben. Aber das ist schon zu viel Detail – auf dem Montagsdemonstrationen wurde gegen die Politik der Fed demonstriert, die ja eine private Bank sei. Von dieser Feststellung aus ist es nur noch ein kleiner Schritt zu der Behauptung, die amerikanische Notenbank sei schuld gewesen an allen Kriegen der vergangenen 100 Jahre. Wer weit rechts steht, schlussfolgert daraus, dass letztlich das jüdische Finanzkapital an allem schuld sei.[50]

> **Tipp:** Will man Verschwörungstheorien entsorgen, so sollte man diejenigen, die solche Theorien verbreiten, dazu bringen, ihre Hypothesen und Theorien so zu formulieren, dass sie testbar und damit widerlegbar sind.»Falsifizierbar« sagt man dazu. Die Aussage, dass es den Weihnachtsmann gibt, lässt sich beispielsweise nicht falsifizieren, weil man nicht beweisen kann, dass es etwas *nicht* gibt – der Weihnachtsmann könnte ja immer dort sein, wo man ihn gerade nicht sucht. Deswegen gilt ja auch vor Gericht die Unschuldsvermutung, weil man nicht bewei-

sen kann, dass man etwas nicht getan hat. Die Anklage muss beweisen, dass der Angeklagte etwas getan hat – diese Aussage lässt sich widerlegen, also falsifizieren (»Zum fraglichen Zeitpunkt war der Angeklagte nicht in der Stadt«).

Hinter Verschwörungstheorien steht die Idee, dass geheime Mächte die Welt manipulieren – zum Schaden derer, die diese Theorien verbreiten. Die Welt wird in Gut und Böse unterteilt, Verschwörergruppen identifiziert, die man zu Sündenböcken für alles Schlechte machen kann. Garniert wird das Ganze mit Halbwahrheiten, die aus dem Kontext gerissen werden, angeblichen Wahrheiten, (pseudo-)wissenschaftlichen Belegen und der Gewissheit, dass es keinen Zufall gibt. Und wer nicht daran glaubt, ist entweder ein Schlafschaf oder Teil der Verschwörung. Verschwörungstheorien liefern einfache Erklärungen für komplexe Ereignisse, die unser Verständnis und Wissen überfordern. Sie kommen unserem Bedürfnis nach einer einfachen, transparenten und geordneten Welt entgegen, in der wir wissen, was warum passiert. Verschwörungstheorien erschüttern das Vertrauen in Staat und Wissenschaft, machen Freunde und Nachbarn zu Feinden, polarisieren die Gesellschaft und führen schlimmstenfalls zu gewalttätigen Aktionen.

Tipp: Eine kurze Checkliste kann helfen, Verschwörungstheorien zu erkennen:

- Ist der Autor ein ausgewiesener Experte für das Thema, beispielsweise Forscher, Professor oder Angehöriger einer renommierten Institution?
- Kann man die vorgetragenen Fakten nachschlagen, sind sie wissenschaftlich belegt?
- Was ist die Quelle der Fakten, wurden diese oft in anderen Qualitätsmedien zitiert?
- Wie ist der Ton – sachlich, objektiv, oder emotional, beleidigend, anekdotisch?

- Werden unterschiedliche Perspektiven und Argumente genannt oder ist die Argumentation einseitig, kritiklos?
- Wer es sich ganz einfach machen will: Enthält der Text, den Sie lesen, Ausrufezeichen, legen Sie ihn weg. Wer seinen Leser per Ausrufezeichen anschreit, ist nicht seriös.

Deep Fakes: Plötzlich Porno-Star

Das war verstörend: In einem Video, das 2018 kursiert, warnt der ehemalige amerikanische Präsident Barack Obama zuerst vor gefälschten Videos, um dann auf einmal über die Comic-Serie *Black Panthers* zu sprechen und seinen Nachfolger zu beschimpfen: »Donald Trump ist ein Volldepp!«, tönt es den Zuschauern des Videos entgegen. Das Video: eine Fälschung. Die Botschaft: bitterernst. Das Video wurde von der Plattform *Buzzfeed* erstellt, um den Zuschauern drastisch vor Augen zu führen, wie leicht und überzeugend man heutzutage mittels Künstlicher Intelligenz jeden Videoinhalt fälschen kann.[51] Für den normalen Nutzer wird es fast unmöglich, zwischen falschen und echten Videos und Bildern zu unterscheiden.[52] Man kann sich leicht vorstellen, welche Folgen gefälschte Videos und Bilder in der breiten Öffentlichkeit haben können.

Die Ziele solcher Deep Fakes sind vielfältig: Neben politischen Zielen – Unruhe, Zwist stiften, Panik erzeugen und eine bestimmte Partei oder einen Politiker diskreditieren – können es auch kriminelle Ziele sein, beispielsweise Erpressung. Im einfachsten Fall reicht eine E-Mail: Man verschickt an den Inhaber eines E-Mail-Accounts eine Nachricht, dass man dessen Rechner gehackt habe und auch Kontrolle über die Kamera habe. Deswegen habe man Aufnahmen, was für schlimme Sachen diese Person vor der Kamera gemacht habe, während er sich online Pornos angeschaut habe. Wenn er nicht zahle, werde man diese Aufnahmen ins Netz stellen. In dieser Version des Betrugs benötigt man schlimmstenfalls noch nicht einmal Deep Fakes – irgendjemand wird sich schon schuldig fühlen und zahlen. Man kann aber auch – so man genügend Bildmaterial der zu erpressenden Person besitzt – einen Deep Fake erstellen und die betreffende Person damit erpressen. Solche Videos lassen sich auch dazu nutzen, persönliche Rachefeldzüge gegen ehemalige Lebensabschnittspartner, Kollegen, Nachbarn oder wen auch immer zu starten.

Ein anderes Geschäftsmodell ist der Verkauf von Deep-Fake-Videos mit den Gesichtern Prominenter – längst gibt es Webseiten, die sich auf Deep-Fake-Pornos spezialisiert haben und tausende Videos zum Verkauf anbieten. Es gibt sogar Produzenten, die Aufträge für Deep Fakes entgegennehmen.[53] Nicht zuletzt kann man sich mittels der Deep-Fake-Technologie fremde Identitäten aneignen, um damit entsprechender krimineller Energie freie Bahn zu verschaffen.

Unglücklicherweise kann man Deep Fakes auch dazu nutzen, Parodien zu erstellen, lustige Videos, die ganz offensichtlich ein Fake sind: Prominente, deren Gesicht auf den Körper anderer Prominenter gesetzt wird – Elon Musk als James Bond oder Melania Trump als Vladimir Putin. Das kann man auch gerne im Bekanntenkreis probieren, im Netz finden sich längst Apps und Seiten, mit deren Hilfe man auch zu Hause Deep Fakes erstellen kann – womit der erste Schritt getan ist, von solchen Versuchen aus ist es nur noch ein kleiner Schritt, die neu gewonnenen Fertigkeiten auch für weniger nette Absichten zu missbrauchen.[54] Will heißen: Fast jeder Durchschnittsnutzer kann Deep Fakes produzieren. Die damit verbundenen Probleme müssen wir nicht weiter ausführen, oder? Unser Rat: Lassen Sie es.

Fassen wir noch einmal zusammen: Bei Fake News handelt es sich allgemein um Meldungen zu Tatsachen oder tatsächlichen Ereignissen, die

- falsch oder irreführend sind und
- das Ziel verfolgen, politischen Einfluss zu nehmen oder Profit zu machen.

Nachdem wir uns eine Idee erarbeitet haben, was Fake News sind, können wir uns nun der nächsten Frage widmen: Wie kommen Fake News zustande?

2
Wie kommen Fake News zustande?

Um Fake News zu verstehen, muss man wissen, wie sie entstehen. Am Anfang dieses Prozesses steht ein Angebot an Informationen und Falschinformationen. Doch dieses Angebot wäre ohne Nachfrage nicht erfolgreich. Natürlich fragen Menschen Informationen nach – aber Falschinformationen? Niemand will falsche Informationen, aber einige ökonomische und psychologische Mechanismen, die wir in diesem Kapitel näher beleuchten wollen, tragen dazu bei, dass Menschen empfänglich für Fake News sind. Hinzu kommt der Umstand, dass man nur schwer zwischen Meinung und Fakten trennen kann und dass schon der Prozess der Faktenselektion nicht immer objektiv sein kann.

Das Angebot an Fake News

Der Parkplatz des Einkaufzentrums ist voll. Der weißhaarige Großvater lenkt seinen Wagen auf einen Kurzzeitparkplatz – 30 Minuten, bei weitem nicht genug Zeit für das Mittagessen, das geplant ist. »Ich denke nicht, dass sie das sorgfältig kontrollieren«, sagt Großvater. Frage seiner Begleitung: »War das ein rationales Verbrechen?« Großvater zögert keine Sekunde: »Ja, das war es«.[55] Der weißhaarige Großvater, um den es hier geht, ist Gary S. Becker, Wirtschaftsnobelpreisträger und Erfinder der Idee des rationalen Verbrechens. Er erklärt damit, warum Menschen in bestimmten Situationen straffällig werden, und seine Ideen erklären auch die Erstellung und Verbreitung von Fake News. »Ökonomische Theorie der Kriminalität« nennt man das.[56] Der Ausgangspunkt von Beckers Ideen ist, dass Menschen Verbrechen begehen und sich daneben benehmen, wenn es sich lohnt, nämlich dann, wenn die erwarteten Erträge aus diesen Aktivitäten höher sind als die erwarteten Kosten. Ökonomisch betrachtet lohnt sich das Angebot von Fake News dann, wenn der Ertrag größer ist als die damit verbundenen Kosten. Das liest sich dann so:[57]

Ertrag aus Fake News > Kosten von Fake News

Der *Ertrag* von Fake News setzt sich zusammen aus einem monetären und einem nichtmonetären Teil. Der monetäre Ertrag kann darin bestehen, dass Dritte Fake News in Auftrag geben und dafür bezahlen (beispielsweise im politischen Bereich), oder aber darin, dass Personen, die auf die Falschinformationen hereinfallen, deswegen Geld an die Ersteller der Fake News überweisen. Der nichtmonetäre Ertrag von Fake News kann die Genugtuung sein, dass man anderen geschadet hat, oder einfach Spaß am Chaos. Er kann auch handfester darin bestehen, die eigene politische Agenda vorangebracht zu haben. Im Ergebnis liest sich das so:

Ertrag aus Fake News = monetärer + nichtmonetärer Ertrag

Schauen wir uns die andere Seite der obigen Ungleichung an, die *Kosten* der Verbreitung von Fake News. Das sind zum einen die Investitionen in Hardware und Software für Computer (die nicht besonders hoch sind). Dazu kommen die sogenannten Opportunitätskosten der Zeit: Während man Fake News erstellt und verbreitet, könnte man auch andere Tätigkeiten ausüben, die entweder Geld oder andere Erträge einbringen. Hier zeigt sich auch, warum Fake News heutzutage eine zunehmende Rolle spielen: Die Investitionskosten und die Zeitkosten der Erstellung und Verbreitung von Fake News sind in den vergangenen Jahren Dank der sozialen Medien dramatisch gefallen – mit wenigen Mausklicks kann man Fake News um die Welt streuen, was Kosten und Zeitaufwand dramatisch senkt (und den Ertrag erhöht). Früher musste man aufwendige Kampagnen zur Verbreitung der Fake News starten, heute kann das jeder Teenager in seinem Kinderzimmer erledigen. Bleiben noch psychische Kosten wie moralische Skrupel vor Straftaten.

Zu den Kosten der Erstellung von Fake News zählt auch das Risiko, entdeckt und bestraft zu werden. Dieses Risiko setzt sich aus zwei Komponenten zusammen: den Kosten der Bestrafung und der Wahrscheinlichkeit, erwischt zu werden. Die Kosten der Bestrafung bestehen zunächst aus den monetären Kosten in Form von Geldstrafen. Darüber hinaus – und möglicherweise wirksamer als die Geldkosten – ist der psychische Stress, der mit dem Auffliegen von Fakes verbunden ist (»was sollen denn die Nachbarn denken?«). Kommt es statt Geld- zu Gefängnisstrafen, kommen die verlorene Zeit und weitere psychische Kosten hinzu. Allerdings hängen die tatsächlichen Kosten davon ab, wie hoch die Entdeckungswahrscheinlichkeit ist. Je höher diese ist, umso wahrscheinlicher ist es, dass man bestraft wird, umso mehr steigen die erwarteten Kosten der Bestrafung. Ist dagegen die Wahrscheinlichkeit, entdeckt zu werden, null, sind die Kosten der Bestrafung auch null – wer nicht erwischt wird, kann auch nicht bestraft werden. Multipliziert man die potentiellen Kosten der Bestrafung mit der Entdeckungswahrscheinlichkeit, erhält man den sogenannten Erwartungswert der Bestrafung, also die statistisch zu erwartenden Kosten der Bestrafung.[58] Das ergibt dann:

Kosten von Fake News	=	Investitionskosten
	+	Zeitkosten
	+	psychische Kosten
	+	Entdeckungswahrscheinlichkeit mal monetären und nichtmonetären Wert der Bestrafung

Damit haben wir eine einfache Formel zusammen, mit der man vorhersagen kann, ob jemand Fake News produzieren wird oder nicht:

Monetärer + nichtmonetärer Ertrag > Investitionskosten
\+ Zeitkosten
\+ psychische Kosten
\+ Entdeckungswahrscheinlichkeit mal monetären und nichtmonetären Wert der Bestrafung

Anhand der Formel können wir auch sehen, warum die Verbreitung von Fake News in den vergangenen Jahren zugenommen hat: Der Ertrag der Fake News steigt, weil neue Technologien diese schneller und weiter verbreiten können und es schwerer machen, den Fake-Charakter zu erkennen. Die Kosten der Verbreitung sind dank neuer Technologie gesunken – es sind also beide Seiten der obigen Ungleichung, die eine Verbreitung von Fake News attraktiver gemacht haben.

Damit können wir auch sehen, welche Personen zur Produktion und Verbreitung von Fake News infrage kommen. In der Regel werden diese Personen geringe Opportunitätskosten der Zeit haben, also mit legalen Aktivitäten keine hohen Löhne oder Gehälter erzielen können. Das ist einer der Gründe dafür, dass Fake News oft von Personen aus Ländern mit niedrigen Einkommensniveau stammen.[59] Zudem sind in der Fake-News-Produktion eher Personen mit wenig ausgeprägten Skrupeln gegenüber Straftaten zu erwarten (das senkt die psychischen Kosten). Wenn dazu noch die Strafen moderat und die Entdeckungswahrscheinlichkeit – also das Risiko, erwischt zu werden – niedrig sind (weil man im Ausland sitzt), dann müssen auf Ertragsseite keine besonders hohen Einnahmen stehen, um jemanden zu motivieren, Fake News zu verbreiten. Da sich die Erträge nur schwer beeinflussen lassen (allenfalls, indem man es leichter macht, Fake News als solche zu entlarven), geht es beim

Kampf gegen Fake News vor allem darum, die Kosten zu erhöhen. Das gibt es allerdings nicht zum Nulltarif: Zwar kann man leicht und mit geringen Kosten höhere Geld- und Haftstrafen gesetzlich festlegen, das geht mit einem Federstrich. Leider aber ist es teuer, die Entdeckungswahrscheinlichkeit zu erhöhen, also das Risiko, belangt zu werden – dafür braucht man neben der technischen Ausrüstung auch mehr Personal (Polizei, Staatsanwaltschaft, Gerichte, Strafvollzug). Und darüber hinaus sind nicht alle Fake-News-Aktivitäten überall auf der Welt gleichermaßen verboten und strafbar: Der Versuch, von Deutschland aus russische Verbreiter von Fake News zur Rechenschaft zu ziehen, erntet eher nur ein müdes Lächeln in den dortigen Troll-Fabriken.[60] Hier haben wir einen weiteren Grund, warum Fake News zunehmen: Da man sie mittlerweile von überall in der Welt überall in den Rest der Welt tragen kann, ohne das heimische Wohnzimmer zu verlassen, sinkt das Risiko der Bestrafung, weil die analoge Welt der Strafverfolgung mit der digitalen Welt der Fake-News-Verbreitung nicht mehr Schritt halten kann. Das senkt die Kosten der Verbreitung nochmals.

Warum suchen wir Informationen?

Kein Mensch fragt Fake News nach. Natürlich. Wir wollen korrekte und zuverlässige Informationen und keine Fake News. Aber warum? Weil unser Leben kompliziert ist. Jeden Tag müssen wir Entscheidungen treffen, die mit Unsicherheit, Ungewissheit behaftet sind,[61] müssen wir Risiken eingehen, tun wir Dinge, ohne wirklich alle Begleitumstände dieser Entscheidung zu kennen. Um eine informierte Entscheidung zu treffen, brauchen wir echte Informationen.

Welche Informationen benötigen wir, um zu entscheiden? Stellen Sie sich vor, Sie wollen ein neues Auto kaufen. Dazu müssen Sie folgende Informationen haben:

1. Zuerst müssen Sie wissen, was Ihre *Ziele* sind, sonst handeln Sie planlos. Ziel: Ein Auto kaufen, mit dem sie – was machen wollen? Zur Arbeit und zum Einkaufen fahren? Urlaubsreisen unternehmen?
2. Dann müssen Sie wissen, welche Handlungsmöglichkeiten (*Optionen*) Sie haben: Welche Marken gibt es, welche Modelle, welche Technik, Ausstattung und noch vieles mehr, die zu Ihren Zielen – (1) – passen.
3. Natürlich müssen Sie dann die *Kosten* Ihrer Handlungsmöglichkeiten kennen – was kostet das jeweilige Modell, welche Marke, welches Modell ist billiger oder teurer?
4. Dann ist da Ihre *Budgetbeschränkung* – wie viel Geld haben Sie zur Verfügung, wie viel können Sie ausgeben?
5. Dann fehlen noch Ihre *Präferenzen*: Welche Vorlieben haben Sie? (Fahren Sie also beispielsweise lieber einen Sportwagen oder einen Kombi?)

Die Budgetbeschränkung (also das, was man ausgeben kann) ist in der Regel bekannt und zudem kurzfristig vorgegeben, da Sie Ihr Einkommen auf die Schnelle nicht einfach erhöhen können (aber für die Zukunft können Sie das planen, indem Sie sparen oder einen neuen Job suchen). Informationen benötigen Sie aber über die Handlungsmöglichkeiten und die Kosten – beispielsweise, indem Sie Prospekte wälzen und Autohäuser besuchen. Auch die Ziele und Präferenzen sind nicht immer bekannt, sondern können abgestimmt oder angepasst werden, beispielsweise innerhalb der Familie (Will der Rest der Familie auch den Sportwagen, mit dem Sie sich zur Arbeit fahren sehen, oder eher einen Kombi für Urlaubsreisen?). Bei Entscheidungen wie dem Autokauf stoßen Sie bei Ihrer Informationssuche auf Werbung, Marketing und PR – darüber haben wir bereits im ersten Kapitel gesprochen.

Aber auch bei politischer Meinungsbildung, Abstimmungen und Wahlen (also kollektiver Meinungsbildung) brauchen Sie Informationen. Nehmen Sie beispielsweise die Debatte um den Klimaschutz: Welche Priorität soll Klimaschutz gegenüber anderen Zielen wie Wohlstand und Armutsbekämpfung haben? Welche alternativen Handlungsmöglichkeiten gibt es, um Klimaschutz zu erreichen (CO_2-Steuern, Atomkraft, Wind- und Solarenergie)? Wie teuer sind die Alternativen und welche Risiken haben sie? Und welche politische Partei vertritt welche Positionen? Was bringt die Zukunft in den jeweiligen Problembereichen? Wie hängt die Zukunft von unseren heutigen Entscheidungen ab? Dies sind die Fragen, die am schwierigsten objektiv zu beantworten sind.

Sie sehen, die Nachfrage nach Information ist genau so groß wie die Zahl der Fragen, die wir beantworten müssen – beinahe grenzenlos. Gut, wir brauchen Informationen – aber wer braucht denn falsche Informationen? Wer fragt Fake News nach? Wer will bewusst getäuscht werden, welchen Nutzen soll das bringen? Es gibt keinen, und das bedeutet, es gibt keine genuine Nachfrage nach Fake News. Die Erklärung für die Existenz von Fake News liegt – neben der Tatsache, dass es teuer ist, Informationen zu suchen und zu überprüfen – in der menschlichen Psyche. Beginnen wir mit den Suchkosten.

Tipp: Es gibt ein paar Merkmale, an denen man gute Informationsquellen erkennen kann. Ersten ist es ein gutes Zeichen, wenn die Autoren bekannt und für das Fachgebiet, über das sie sprechen, renommiert sind oder einer bekannten Institution angehören. Werden keine Namen genannt, ist das schon ein schlechtes Zeichen. Zweitens sollten in einer Quelle alle verwendeten Quellen genannt werden, damit der Leser oder Zuschauer diese selbst nachprüfen kann. Vor allem für Daten sollten immer die Quellen genannt werden. Bei Internetquellen hilft auch immer ein Blick auf die Endung der Adresse: Adressen mit offiziellen Endungen wie .gov (Regierungen), .edu (Bildungsinstitutionen) oder .org (internationale Institutionen) sind tendenziell vertrauenswürdiger.

Suchkosten

Ein kleines Gerät reicht. Es kostet im Internet 150 Euro. Sie schließen das Gerät an die OBD2-Schnittstelle des Wagens an. Und dann kommt der kriminelle Teil: Mithilfe dieses Geräts können Sie den Tachostand des Wagens manipulieren. Und anschließend die 200.000-Kilometer-Rostlaube als garagengepflegten 80.000-Kilometer-Wagen verkaufen. Wenn Ihnen das zu kompliziert ist: Im Internet finden Sie auch TachoDienste, die das für wenige hundert Euro machen. Fachleute schätzen, dass Autos mit manipulierten Tachos im Schnitt 3.000 Euro mehr bringen.[62]

Das ist ein typisches Informationsproblem: Sie wollen einen Gebrauchtwagen kaufen, verstehen aber nichts von Autos. Das Risiko, einen fehlerhaften oder manipulierten Wagen zu kaufen, ist groß, selbst wenn Sie ihn in einer Werkstatt kaufen. Der Ökonom George Akerlof hat dieses sogenannte Zitronenproblem untersucht (»Zitronenproblem«, weil im Englischen ein schlechter Wagen als *lemon*, also als Zitrone bezeichnet wird) und ist zu einem deprimierenden Ergebnis gekommen: Es gibt keine guten und zuverlässigen Gebrauchtwagen am Markt.[63]

Wieso? Ganz einfach: Verkäufer, die gute und zuverlässige Wagen anbieten würden, können nicht glaubhaft behaupten, dass ihre Wagen keine »Zitronen« sind. Warum? Weil die Käufer als Laien die Qualität des Wagens nicht einschätzen können. Und da die Betrüger ebenfalls behaupten, dass ihr Wagen einwandfrei ist, können Kunden nicht die guten von den schlechten Wagen unterscheiden. Also werden sie nur bereit sein, den Preis zu zahlen, den sie für eine »Zitrone« zahlen würden – aber zu diesem Preis verkauft niemand einen guten Wagen. Ergebnis: Am Markt für Gebrauchtwagen werden nur »Zitronen« angeboten.

Das tieferliegende Problem ist die verborgene Information über die Vorgeschichte der Autos. Diese kann – siehe die Tachos – gefälscht werden, auch von Werkstätten. Ok, werden Sie jetzt einwenden, ich nehme einfach eine Kfz-Fachperson mit. Schön und gut, Expertise kann das Problem verkleinern – aber kann sie es lösen? Erstens kosten Experten Geld und zweitens können auch Experten nur diejenigen Wagen prüfen, die am Markt vorhanden sind. Wie Akerlof aber demonstriert hat, stehen die Chance dafür schlecht.

Die Weiterentwicklung der Untersuchung von Akerlof hat dazu geführt, dass man Güter und Dienstleistungen danach unterscheidet, ob und in welchem Umfang deren Qualität überprüfbar ist.[64] Güter und Dienstleistungen, die man anschauen und probieren kann, werden Inspektionsgüter genannt. Deren Qualität können auch Laien erkennen. Ein Kleid oder Anzug sitzt oder sitzt eben nicht, ein Apfel ist wurmstichig oder nicht – dazu braucht es keinen Experten. Neben den Inspektionsgütern gibt es die Erfahrungsgüter: Ihre Qualität zeigt sich erst bei längerem Gebrauch. Dazu gehören Gebrauchtwagen. Fahren Sie ein halbes Jahr damit, wissen Sie Bescheid – oft leider zu spät.

Jenseits der Inspektions- und Erfahrungsgüter gibt es aber auch sogenannte Vertrauensgüter. Deren Qualität können selbst Experten nicht ohne Weiteres schnell und zuverlässig prüfen – man muss also den Herstellern dieser Güter vertrauen. Vertrauensgüter sind beispielsweise Arzneimittel oder ärztliche Dienste und Krankenhausleistungen. Für solche Güter gibt es oft starke rechtliche Vorgaben und staatliche Überprüfungen der Qualität: Arzneimittel müssen einen Test- und Zulassungsmarathon durchlaufen, Ärzte müssen approbiert sein und sich ständig fortbilden. Allerdings gilt das nicht für alle Produkte und Dienstleistungen in dieser Gruppe. Denken Sie beispielsweise nur an Wahrsager, Urlaubsorte oder Produkte gegen Vampirismus.

Aber nicht nur ärztliche Leistungen, auch viele Informationen sind Vertrauensgüter: Wem also soll man glauben, wem kann man vertrauen – den Medien oder der Facebook-Gruppe? Wem soll man glauben, wenn ein neues Virus auftaucht – wie gefährlich ist es, wie kann man sich dagegen schützen? Wie gefährlich ist eine Schutzimpfung im Vergleich zu einer Infektion? Ist der Strom wirklich »grün«, der aus der Steckdose kommt? Fragen und Unsicherheit, wohin man schaut – und letztlich muss man einer Quelle vertrauen, nie ist man gegen Betrug gefeit. Schon 1973 haben die Ökonomen Michael Darby und Edi Karni gezeigt, dass es wirtschaftliche Anreize für Falschinformationen (eben Fake News) von Unternehmen gibt, die es ihnen ermöglichen, ihren Informationsvorsprung zu Lasten der Kunden zu nutzen.[65] Wir alle kennen die überzogenen Versprechen der Werbung, um nur ein altbekanntes Beispiel zu nennen.

Wie geht man mit Vertrauensgütern um? Die Lösung, fachlichen Rat zu suchen, ist oft zu teuer und aufwendig, einmal abgesehen davon, dass bei vielen Vertrauensgütern selbst die Experten sich nicht immer einig sind – denken Sie nur einmal an die Debatte um die Corona-Politik. Helfen Faktenchecker weiter? Sie kennen das auch: In manchen Fernsehsendungen, bei Zeitschriften gibt es Faktenchecker. Das sind Leute, die nachsehen, ob bestimmte Behauptungen »wahr« oder »richtig« sind. Wir wollen deren Bedeutung nicht grundsätzlich als Mittel gegen Fake News infrage stellen. Wir geben aber zu bedenken, dass auch Faktenchecker selbst Ansichten und Motive haben (können), die uns verborgen sind und bleiben. Um es kurz zu machen, die Dienstleistung von Faktencheckern ist und bleibt selbst ein Vertrauensgut.

Insbesondere bei Vertrauensgütern ist also die Möglichkeit für Fake News sehr groß. Wegen der hohen Such- und Informationskosten kann man selbst die Qualität von Vertrauensgütern kaum überprüfen. Aber auch Faktenchecker und andere Organisationen, die sich die Überprüfung von Güter- und Dienstleistungsqualität verschrieben haben, können nur Vertrauensgüter anbieten – und sie können auch Fake News verbreiten. Daher muss man auch Faktencheckern mit einem gewissen Maß an Misstrauen gegenübertreten.

Also müssen andere Lösungswege her: Sie kaufen beispielsweise Markenprodukte, die aufwendig werben und bei schlechter Qualität einen guten Namen zu verlieren haben.

Die Hitler-Tagebücher. Es war wohl die größte Räuberpistole der deutschen Pressegeschichte, als das Magazin *Stern* 1983 die Tagebücher Adolf Hitlers einer staunenden Weltöffentlichkeit präsentierte. Rasch stellte sich heraus, dass man trotz aller Vorsichtsmaßnahmen Betrügern aufgesessen war. Konsequenzen: Die Chefredaktion trat zurück, die Auflage stürzte ab und obwohl sie sich wieder erholte, haftet dieser Makel noch heute dem *Stern* an. Hier zeigt sich die Kraft der Marke: Es dauert lange und ist teuer, sich eine Reputation, einen guten Ruf als seriöses Magazin aufzubauen, und diese Investition in den guten Ruf ist rasch verspielt. Deswegen können Sie vermuten, dass sogenannte Qualitätsmedien nicht leichtfertig bei der Verbreitung von Informationen sind – allein schon deshalb, weil sie ihren guten (und teuren) Ruf nicht ruinieren wollen. Das rechtfertigt Vertrauen in diese Medien – ist aber leider auch keine absolute Garantie, wie die Hitler-Tagebücher zeigen.

Oder aber – und das geschieht sehr oft – Sie schauen sich die Erfahrungen Ihrer Mitbürger an, die diese im Internet posten – oder Sie glauben zumindest, dass dort wirkliche Mitbürger tatsächliche Erfahrungen gepostet haben. Leider können Sie das auch nicht überprüfen: Unternehmen können Bewertungen »kaufen«, Influencer machen Werbung, die nicht aussieht wie Werbung, und auch Markenunternehmen produzieren bisweilen Montagsprodukte.

Das ist ein Baustein, um die Existenz von Fake News zu erklären: Menschen brauchen Informationen, haben aber nur begrenztes

Wissen darüber, welche Informationen »richtig« sind. Viele Informationen sind Vertrauensgüter und eine Überprüfung durch Experten ist oft zu teuer oder gar nicht machbar – das eröffnet Spielraum für Faktenfälscher und Fake-News-Fabriken.

Wunschdenken und Gruppenbildung

Es gibt noch einen weiteren Nährboden, auf dem Fake News gedeihen: Wunschdenken. Manche Nachrichten möchten wir einfach glauben, weil sie unsere Wünsche und Bedürfnisse bedienen. Menschen schätzen die Wahrscheinlichkeit des Eintretens gewünschter Ereignisse höher ein als diejenige für unerwünschte, wir glauben, dass positive Dinge uns häufiger zustoßen, als dies statistisch zu erwarten wäre, und wir glauben, dass schlechte Dinge uns seltener zustoßen als anderen Menschen.[66] Wir kennen es alle, wir denken so jeden Tag: Die Werbung verspricht uns die Verwirklichung aller unserer Träume, die Politik verspricht uns die Erlösung von allen öffentlichen Übeln (allerdings nur vor den Wahlen) – und wir glauben das, weil wir es glauben wollen.

Diese Wünsche für die eigene Tasche, das eigene Portemonnaie auszunützen, ist das Geschäftsmodell professioneller Fake-News-Verbreiter. Obwohl wir es wissen oder zumindest ahnen, fallen wir darauf herein. Ist das irrational? Zumindest entspringt dieses Verhalten nicht unserem Verstand, sondern unseren Emotionen. Möglicherweise hat dieses Verhalten aber auch einen Sinn: Wir fühlen uns besser, wenn wir daran glauben, dass uns eher gute als schlechte Dinge zustoßen, und wenn wir glauben, dass die Welt so tickt, wie wir es wollen – das stärkt das mentale Immunsystem. Und deswegen sind wir nur allzu leicht bereit, Fake News zu vertrauen – weil wir ihnen vertrauen wollen.

Und es kommt noch besser, also eher schlimmer. Wir suchen aktiv nach Informationen, die unsere Wünsche und unsere Vorurteile bestätigen. Haben wir solche Informationen gefunden, was tun wir dann? Wir teilen sie mit uns nahestehenden Personen, wir werden selbst zum Vertriebspersonal von Fake-News Produzenten – ohne Bezahlung. Die Ursache dafür ist schnell gefunden: Menschen scheinen im Laufe der Evolution ein Bedürfnis nach sozialer Identität und Gruppenzugehörigkeit entwickelt zu haben. Eine Gruppe ist eine Ansammlung von Menschen, die sich in ihren Ansichten und Wünschen gegenseitig beeinflusst. Gehen Sie ins Fußballstadion und stellen Sie sich in den Fanblock der Heimmannschaft. Das ist eine Gruppe.

Der Informationsaustausch in Gruppen ist von großer Bedeutung, wie die sozialen Medien zeigen (Beispiele sind Facebook- und WhatsApp-Gruppen). Das geht so weit, dass Studierende nach unserer eigenen Erfahrung lieber ihre Kommilitonen nach Regeln der Prüfungsordnung fragen, als diese Ordnungen selbst zu lesen oder sich beim Prüfungsamt zu erkundigen. Fragt man die Studenten, warum sie das tun, erntet man nur Schulterzucken. Sie wissen es nicht. Gerüchte erweisen sich oft wichtiger als harte Fakten. Das begünstigt Fake News und ihre Verbreitung.

Emotionalisierung

Ein weiterer Nährboden von Fake News sind die begrenzten menschlichen Fähigkeiten, Informationen aufzunehmen und zu verarbeiten. Die Folge: Wir müssen für uns relevante Fakten auswählen – und uns dabei auf andere Personen und Institutionen verlassen, ob wir wollen oder nicht. Aufmerksamkeit ist eine wichtige Ressource, mit der wir ökonomisch umgehen müssen. Dafür hat sich mittlerweile der Begriff »Aufmerksamkeitsökonomie« etabliert.[67] Waren es lange Zeit Printmedien wie Zeitungen und Zeitschriften, die um unsere Aufmerksamkeit buhlten, sind im Laufe der Zeit mit Radio und Fernsehen elektronische Medien hinzugekommen. Mittlerweile kommen wir ohne Smartphone, WhatsApp, Facebook, Twitter und andere digitale Zeitdiebe nicht mehr aus. Unsere Aufmerksamkeit wird in einem vor 50 Jahren nicht vorstellbaren Ausmaß in Beschlag genommen.

Erleichtern diese Techniken die Faktenselektion? Sie könnten es, wenn wir emotionslose Maschinen wären. Sind wir aber nicht. Wir nutzen Maschinen – beispielsweise Suchmaschinen im Internet – als Menschen. Und wir lassen uns bei der Suche nicht nur leicht ablenken, wir sind auch leicht zu manipulieren bei unserer Faktensuche. Warum? Die Antwort: Emotionen.

Auch bei der Faktensuche sind wir emotionale Wesen. Unsere Emotionen sind das Einfallstor dafür, unsere Aufmerksamkeit abzulenken und uns zu manipulieren. Unsere eigenen Emotionen sind in der Lage, unsere Rationalität zu sabotieren. Der »nachgiebige limbische Grashüpfer« schlägt allzu oft die »geduldige präfrontale Ameise« in unseren Gehirnen,[68] sprich: unsere impulsiven emotionalen Befindlichkeiten (die im limbischen System des Gehirns physiologisch verortet werden) gewinnen gegen Rationalität (die im präfrontalen Kortex des Gehirns physiologisch zu finden ist), auch bei der Faktenselektion. Unwissenschaftlich formuliert: Bauch schlägt Kopf. Das ist unter anderem die Basis dafür, dass Werbung von Unternehmen und politischen Organisationen überhaupt wirkt: Die Verwendung des knappen Guts Aufmerksamkeit wird emotional gelenkt oder manipuliert. Hinzu kommt, dass wir Menschen immer noch Herdentiere sind. Was wir an Fakten suchen und was wir als Fakten ansehen, wird auch durch die Gruppe bestimmt, der wir angehören.

Aufmerksamkeit ist also eine Ressource, die teuer in dem Sinn ist, dass man sich innerhalb einer Zeitspanne nur begrenzt auf eine (und nur eine) Aktivität konzentrieren kann. Und auf welche Nachrichten lenkt man seine Aufmerksamkeit? Auf solche mit emotionaler Wirkung: Je emotionaler, skandalöser, schlimmer und kürzer (!) eine Nachricht, desto höher die Aufmerksamkeit, die wir ihr schenken. Eine negative Nachricht, korrekt oder nicht, hat einen höheren Aufmerksamkeitswert als eine positive Nachricht. Es ist also kein Zufall, dass in Nachrichtensendungen und im Internet negative, Angst und Furcht einflößende Nachrichten weit überwiegen: Schlechte Nachrichten sind gute Nachrichten.[69] Evolutionär betrachtet macht das Sinn: Lieber 100-mal vor einem Rascheln im Busch davon laufen, als einmal nicht auf das Rascheln zu reagieren und vom Säbelzahntiger gefressen zu werden; besser 100-mal Fehlalarm, als eine gravierende Bedrohung zu übersehen. »Doomscrolling«, das permanente Suchen nach schlechten Nachrichten in den Medien, begünstigt von »Feeds« und »Timelines«, ist seit der Corona-Pandemie nicht umsonst zu einem ernsthaften Phänomen geworden, das die mentale Gesundheit gefährdet.[70]

Die Wirkung von schlechten Nachrichten zeigt, dass die emotionale Aufladung von Nachrichten (unabhängig von ihrer Korrektheit) einer der zentralen Bestandteile ist, Aufmerksamkeit zu schaffen und damit deren Kenntnisnahme zu sichern. Um die Aufmerksamkeit weiter zu erhöhen, wird insbesondere im Marketing[71] und im Journalismus[72] das Geschichtenerzählen (Storytelling) eingesetzt – das haben wir bereits als »narrativer Journalismus« im vorherigen Kapitel kennengelernt. Die Einbettung der Nachricht in eine Geschichte erzeugt eine emotionale Reaktion, welche die Nachricht bedeutender macht (oder erscheinen lässt). Das Problem dabei ist, dass das Erzählen von Geschichten zur Einbettung einer Nachricht diese Nachricht verändert – und möglicherweise bereits in die Nähe von Fake News bringt, siehe den Fall Relotius im vorherigen Kapitel. Zudem macht Storytelling es leichter, Fakten mit Meinungen zu mischen, so dass objektive Nachrichten mit subjektiven Wertungen zusammengebracht und vermengt werden. Und je mehr Meinung, umso größer die Gefahr, dass die Schwelle zu Fake News überschritten wird.

Besonders dramatisch kann Emotionalisierung wirken, wenn es um schwerwiegende Probleme wie Energieversorgung, Klimaschutz und Krieg geht, um existenzielle Bedrohungen. Diese Probleme betreffen soziale Gruppen in verschiedener Weise und unterschiedlich stark.[73] Beim Emotionalisieren werden ökonomische und soziale Unterschiede zwischen diesen Gruppen verkürzt (zum Beispiel auf »arm« und »reich« oder »alt« und »jung«). Sie können dann einfacher emotional aufgeladen werden. So entstehen Gruppen, die sich unfreundlich bis unversöhnlich, weil emotional aufgebracht, gegenüberstehen. Wenn dann noch nur Ja-Nein-Entscheidungen möglich sind (Kernenergie: ja – nein, Kohle: ja – nein; Waffenlieferungen an die Ukraine: ja – nein), ist man gezwungen, Stellung zu beziehen. Schon die Verengung auf »Ja« oder »Nein« emotionalisiert bereits das Thema. Es gibt kein Abwägen, kein einerseits – andererseits und keinen Kompromiss. Das ist der Punkt, an dem man sich emotional auf die eine oder die andere Seite schlägt, unter Umständen sogar schlagen muss. Ängste und Selbst-Unsicherheit dürften als Emotionen ebenfalls eine wichtige Rolle spielen. Unter dem Strich führt dies alles dazu, dass jede Gruppe einseitig Fakten sammelt und bewertet – möglicherweise anhand der vorgefassten Gruppenmeinung. Die Emotionalisierung führt dann dazu, dass sich neue Gruppenidentitäten herausbilden, sich neue Gräben in der Bevölkerung auftun.

Zu erkennen war das in der Corona-Pandemie, die dazu führte, dass sich zwei Gruppen neu bildeten. Eine Gruppe befürwortete auf der Basis »rein wissenschaftlicher Erkenntnisse« strikte Maßnahmen bis zum Lockdown, während die andere Gruppe teilweise sogar die Existenz des Virus bestritt und gegen einschränkende Maßnahmen (insbesondere solche, die die persönliche Entscheidungsfreiheit mehr oder weniger stark beschränkten) demonstrierte. Beiden Gruppen standen sich feindlich gegenüber, hörten sich nicht mehr zu. Anstatt miteinander zu reden, diffamierten sie sich. Politische (und auch menschliche) Polarisierung war die Folge. Informationen, die eine Gruppe für News hielt, waren für die jeweils andere Fake News. Dadurch entstanden »Echokammern«, in denen die eigene Meinung über soziale Netzwerke verbreitet wurde und letztlich wieder über ebenjene Netzwerke zurück an den Absender kam, was diesen in seiner Meinung bestätigte (wir werden uns im vierten Kapitel ausführlicher mit Echokammern beschäftigen). So können sogar neue politische Identitäten entstehen.

Moralisierung

Neben der Emotionalisierung dient auch die Moralisierung dazu, Fakten nach einer vorab gegebenen Bewertung zu selektieren und den Nutzern zu präsentieren. Normalerweise sollten Sie bei der Lösung eines Problems so vorgehen:

Faktensuche → Lösungen → Bewertung → Entscheidung

Man sucht also zuerst Fakten, generiert auf der Basis der Faktensuche Lösungsmöglichkeiten und Handlungsoptionen, bewertet diese Optionen und trifft dann eine faktenbasierte, rationale Entscheidung. Und? Haben Sie sich wiedererkannt? Vielleicht nicht. Wie wir oben gesehen haben, kann unsere Informationssuche aus verschiedenen Gründen bisweilen verzerrt sein, vor allem, wenn die Moralkeule geschwungen wird. Bei der Moralisierung von Informationen geht man bei der Informationssuche anders vor:

Moralische Bewertung → eingeschränkte Faktensuche → Lösungen → Entscheidung

Am Anfang steht also eine moralische Bewertung des Problems, die dazu führt, dass man eine Meinung hat, noch bevor man die Fakten gesichtet hat. Auf Basis dieser Meinung erfolgt eine Faktensuche mit Tunnelblick: Wir suchen gezielt nach Fakten, die unsere Meinung unterstützen, und blenden Fakten, die nicht in unser Weltbild passen, aus. Logisch, dass auf Basis dieser Faktensuche nur Lösungen (und Entscheidungen) übrigbleiben, die zu den zuerst gefassten Vorurteilen passen. Auf diese Weise wird das Spektrum der Fakten so verengt, dass man nicht mehr von einer objektiven Abbildung der Lage und der möglichen Lösungen reden kann.

Das soll nicht heißen, dass Moralisierung schlecht ist, sie hat den Zweck, Menschen zur Zusammenarbeit (Kooperation) zu motivieren. Denn wo immer Menschen miteinander arbeiten oder kooperieren müssen, taucht rasch das Problem des Trittbrettfahrers auf: Man profitiert von den Anstrengungen der anderen, hält sich aber selbst vornehm mit der Arbeit zurück. Stellen Sie sich beispielsweise vor, die Nachbarschaft hat beschlossen, die Straße in Eigenregie zu säubern. Jeder schnappt sich einen Besen, doch einer hält sich zurück, genießt aber am Ende dieser Aktion wie alle anderen die saubere Straße, ohne dass man ihn davon abhalten oder für sein Verhalten bestrafen kann. Ein klassischer Trittbrettfahrer. Hier kann Moralisierung helfen (»Das tut man nicht, wenn alle anpacken, dann schaut man nicht weg«) – aber nicht immer. Moralisierung hat auch einen Nachteil: Sie lädt Probleme emotional auf, macht sie damit anfälliger für Fake News und entzieht, wie oben gesehen, die Entscheidungsfindung einer unvoreingenommenen, rationalen Betrachtung. Das bedeutet im Endeffekt, dass Moralisierung – wie Emotionalisierung – bei schwerwiegenden Problemen zur Bildung neuer sozialer Gruppenidentitäten führen kann, wobei die Faktenselektion stark verengt und damit einseitig wird.

Hinzu kommt noch, dass auch die Medien außerhalb des Internets die Gräben zwischen solchen Gruppen verstärken können. Möglicherweise deswegen, weil auch Journalisten keine ausgewogenen politischen Identitäten haben – sie haben eine Meinung wie jeder andere Mensch auch und sind grundsätzlich ebenfalls anfällig für Emotionalisierung und Moralisierung. Wir werden uns die Rolle der Journalisten im nächsten Kapitel näher anschauen.

Meinungen

Fake News bilden nicht nur Meinungen, sie funktionieren auch über Meinungen, genauer gesagt dadurch, dass man Fakten mit Meinungen vermengt und Meinungen als Fakten darstellt. Weder in der Politik noch in den Medien werden reine Fakten objektiv dargeboten. Es geht stets um Meinungen, und damit um Wertungen. Fakten sind, wie gesagt, Aussagen über Tatbestände, die objektiv bestimmt, genannt und gezeigt werden können. Fakten können also »richtig« (korrekt) oder »falsch« (unkorrekt) sein. Entweder die Außentemperatur beträgt 20° C oder eben nicht. Wertungen sind dagegen subjektiv und gegebenenfalls vielfältig: Empfinden Sie 20° C als »warm«, »sehr warm«, »recht kühl«? Mögen Sie 20° C Außentemperatur lieber als 25° C? Darüber hinaus gibt es noch viele andere Möglichkeiten, eine Meinung zu einer Außentemperatur von 20° C zu haben.

Das Auseinanderhalten von Fakten und Wertungen ist von großer Bedeutung: »Über Geschmack lässt sich nicht streiten«, heißt es im Volksmund – und doch tun wir es ständig. Demgegenüber macht ein Streit über Fakten keinen Sinn, es sei denn die Fakten sind unbekannt. Über Wertungen hingegen muss man streiten, wenn man sich bei zwei und mehr Personen auf etwas einigen möchte. Das gilt erst recht für politische Fragen. In diesem Bereich sind es Parteien, die für bestimmte Bewertungen stehen und darüber ihre Anhänger- und Wählerschaft selektieren und rekrutieren. Fakten als Fakten sind das Gebiet der Wissenschaft. Friedrich Nietzsche hat dies treffend so ausgedrückt: »In der Wissenschaft haben Überzeugungen kein Bürgerrecht.«[74] Wissenschaft soll buchstäblich neues »Wissen schaffen«, das dann dazu verwendet werden kann, neue Techniken, neue Therapien oder Werkzeuge zu entwickeln.

Fakten erkennen Sie daran, dass man sie immer mithilfe von Verben wie »ist«, »gibt« oder »existiert« formulieren muss: »Es gibt Gesetze gegen Betrug«, »Es gibt 20 verschiedene Käsesorten« oder »Es existiert ein Netz sozialer Sicherung in Deutschland«. Das sind Aussagen über die Welt, Fakten, über die man nicht streiten kann. Werturteile, Normen hingegen erkennt man daran, dass man sie immer mithilfe des Wortes »sollen« formulieren kann: »Es sollte strengere Gesetze gegen Betrug geben«, »Es sollte nur 10 Käsesorten geben, das reicht« oder »Die soziale Sicherheit in Deutschland sollte ausgebaut werden«. Das sind Meinungen, man kann – und muss sich zuweilen – darüber streiten.

Die folgende Matrix zeigt die Möglichkeiten der Kombination in der Darstellung von Fakten und Wertungen (▶ Tab. 1). Die beiden Bereiche, die unproblematisch sind und die helfen würden, News von

Tab. 1: Fakten und Wertungen

	Darstellung als Fakten (objektiv)	Darstellung als Wertungen (subjektiv)
Fakten (objektiv)	*Fakten als Fakten (objektive Berichte)*	Fakten werden als Wertungen präsentiert
Wertungen (subjektiv)	Wertungen werden als Fakten präsentiert	*Wertungen als Wertungen (als solche gekennzeichnete Kommentare)*

Quelle: eigene Darstellung.

Fake News zu unterscheiden, sind kursiv gedruckt. Werden Fakten als Fakten berichtet (das erste Feld links oben), besteht keine Gefahr, sie fälschlicherweise als Wertung zu verstehen: »Die Außentemperatur beträgt 20° C.« Das Gleiche gilt für Wertungen als Wertungen (das Feld rechts unten): »Mir sind 20° C lieber als 25° C.«

Verwirrung stiften die beiden anderen Kombinationsmöglichkeiten, die formal ähnlich aussehen können, aber mit unterschiedlicher Absicht verfolgt werden. Man kann Wertungen als Fakten ausgeben (linkes unteres Feld): »Um die Verbreitung des Coronavirus einzudämmen, ist ein sofortiger, vollständigen und unbefristeter Lockdown die einzige Alternative.« Klingt so, als ob diese Aussage nüchtern sachlich eine Tatsache behauptet und man ihr deshalb zustimmen muss. Das stimmt aber in dieser Form (als sogenannte TINA-Aussage[75]) nicht. Hier wird eine Wertung (»alternativlos«) als Fakt präsentiert. Korrekt formuliert müsste das heißen, dass man einen Lockdown verhängen *sollte* – da ist es, das Wort »sollen«, das auf eine Meinung hindeutet. Die behauptete »Alternativlosigkeit« ist nicht nur falsch, sondern auch gefährlich, weil sie (scheinbar) keine weitere Diskussion über die Notwendigkeit, Geeignetheit und Angemessenheit der Maßnahme zulässt.

Es geht aber auch umgekehrt. Auch Fakten können präsentiert werden, als läge in ihnen bereits eine Wertung (rechtes, oberes Feld): »Zehn Millionen Corona-Infizierte sind unakzeptabel.« Mittels der Nennung einer Tatsache in der Welt (zehn Millionen Infizierte) wird das mit der Aussage verbundene Werturteil (»sind unakzeptabel«) transportiert, als läge es in der Tatsache selbst. Die Tatsache wird emotional aufgeladen: Es wird suggeriert, »unakzeptabel« sei bereits Bestandteil der genannten Zahl von Infizierten. Der Fehler besteht darin, dass aus einem »Sein« (einem »Ist« – hier: zehn Millionen Infizierte) kein »Sollen« folgt (»sollten unakzeptabel sein«), wie wir schon in Kapitel 1 gesehen haben: Aus einer Tatsache – etwas ist – folgt nicht automatisch, wie etwas sein sollte. Ein »Sollen« ist normativ und verlangt daher zur Begründung nach einem Werturteil, das eben nicht in einem »Sein« liegen kann, da dies kein Werturteil ist.

> **Tipp:** Man kann mithilfe der beiden Worte »ist« und »soll« Fakten von Wertungen trennen: Wenn Sie einen Satz gar nicht anders formulieren können, als dabei das Wort »ist« oder verwandte Formulierungen wie »es gibt« zu gebrauchen, dann ist es ein Fakt (»Es gibt zwei Millionen Corona-Tote«). Kann man hingegen das Wort »soll« verwenden, dann ist es eine Wertung, eine Meinung (»Zwei Millionen Corona-Tote sollten nicht akzeptabel sein«). Natürlich wird Ihr Gegenüber stets versuchen, seine Wertung mit dem Wort »ist« zu tarnen (»Es ist nicht akzeptabel, zwei Millionen Tote zuzulassen«), aber Sie können immer den Test machen und das »ist« durch das »soll« ersetzen – das hilft bei der Enttarnung von Wertungen, die in Faktencamouflage daher kommen. Meinungen über Fakten erkennt man daran, dass dabei »geglaubt« oder »gemeint« wird.

Allerdings gibt es noch ein weiteres Problem mit Meinungen und Fakten, das wir oben bereits angesprochen haben. Bei einem Satz wie »Ich glaube, dass Deutschland 1974 Fußball-Europameister wurde« handelt es sich um eine Meinung über eine Tatsache. Im Beispiel ist das, was hier geglaubt wird, faktisch falsch (Deutschland wurde 1974 Weltmeister und nicht Europameister). Der mit »Ich glaube, ...« gekennzeichneten Meinung kann man aber dennoch nur zustimmen oder nicht. Wir würden der geäußerten Meinung nicht zustimmen.

Leider geht es mit Fakten und Meinungen sowohl bei politischen Auseinandersetzungen als auch in allen Medien, in denen professioneller Journalismus betrieben wird, munter durcheinander. Das heißt, dass gerade die Problemfelder in der obigen Matrix, »Wertungen als Fakten« und »Fakten als Wertungen« immer wieder auftauchen und die Debatten und Berichterstattung bestimmen.

Medienberichte enthalten also oft nicht nur »Fakten als Fakten« – das macht einen Bericht aus –, sondern auch Wertungen. Dies trägt ebenfalls dazu bei, Fake News zu fabrizieren.

Die saubere Trennung von Fakten und Wertungen gelingt in der journalistischen und der kommunikativen Praxis selten oder nie. Was zählt, sind letzten Endes die Wertungen, die auf der Grundlage von Tatsachen erfolgen – obwohl die Tatsachen selbst die Wertung gerade nicht in sich selbst tragen. Diejenige Vorgehensweise, die einen argumentativ geführten Diskurs unterstützt oder sogar erst ermöglicht besteht darin, dass man sich die Fakten anschaut, diese dann aus der eigenen Sicht bewertet und danach gegebenenfalls Maßnahmen ergreift. Meinungen unabhängig von Fakten zu haben heißt, dass die Fakten entweder nicht bekannt sind oder dass Fakten durch Meinungen ersetzt werden – dass Fakten also keine Bedeutung für die Entscheidungsfindung haben. Um eine Meinung noch überzeugender zu gestalten, werden gelegentlich falsche Tatsachen angeführt, um die Meinung zu stützen.

Leider werden Meinungen rasch zu Überzeugungen, die man nur noch schwer aufgeben kann. Wir erstarren in eingenommenen Positionen. Solche Überzeugungen können das Ergebnis der Fortschreibungen von Erfahrungen der Vergangenheit sein, die die Erwartungen über die Zukunft bestimmen. Sie erleichtern das tägliche Leben im privaten wie im öffentlichen Raum, da sie die individuellen und gesellschaftlichen Entscheidungskosten senken – das hatten wir bereits weiter oben gesehen. Permanente und häufige Änderungen der Meinungen und Überzeugungen würden die Haltbarkeit politischer Regelungen und Maßnahmen stark reduzieren. Man müsste sich politisch häufiger immer wieder mit denselben Fragen und Problemen beschäftigen.

Aber Überzeugungen müssen nicht unbedingt stabil sein, ebenso wenig wie Meinungen. Auch dazu hat Friedrich Nietzsche etwas beizutragen:

> » Dass man seine Meinung wechselt, ist für die einen Naturen ebenso eine Forderung der Reinlichkeit wie die, dass man seine Kleidung wechselt: für andere Naturen aber nur eine Forderung ihrer Eitelkeit.[76]

Aus welchem Grund auch immer Meinungen (und Überzeugungen) gewechselt werden, für Informationen und Falschinformationen und deren Bekämpfung ist von Bedeutung, *dass* sie sich ändern können.

Meinungsbildung und Medien

Medien spielen bei der Meinungsbildung im öffentlichen Raum eine zentrale Rolle. Die mediale Meinungsbildung kann mithilfe dieser einfachen Gleichung beschreiben:

Faktenselektion + Faktenbündelung + Wertung = mediale Meinung

Am Beginn steht die Faktenselektion. Das Ausmaß an Nachrichten, die alltäglich über uns hereinbrechen, überschreitet schlichtweg die menschliche Kapazität zur Wahrnehmung und Verarbeitung von Information. Daher muss man schon im Vorfeld selektieren, was als Nachricht taugt. Der nächste Schritt besteht in der Bündelung, Zusammenfassung der selektierten Fakten, um sie kommunizierbar – sprich: verständlich – zu machen. Faktenselektion und Faktenbündelung ergeben dann zusammen die Nachricht.

Faktenselektion und -bündelung bieten mögliche Einfallstore für Fake News. Bei der Selektion sollen alle relevanten Fakten erfasst werden. Geschieht das nicht, weil der Journalist, der recherchiert, bereits eine vorgefertigte Meinung hat oder nicht in der Lage ist, alle relevanten Informationen zu sammeln, kommt es zu einer einseitigen Selektion, die bereits ein verzerrtes Bild der Realität zur Folge hat. Das kann bewusst oder unbewusst passieren: Möglicherweise erkennt der Journalist nicht, dass er nicht alle Fakten sammeln und prüfen kann, und möglicherweise erkennt er auch nicht, dass seine vorgefertigte Meinung den Beitrag verzerrt. Ob und in welchem Umfang dies tatsächlich geschieht, ist umstritten.[77] Leider kann hier auch nicht ausgeschlossen werden, dass Fakten fingiert werden, also Fake News in die Berichterstattung Einzug halten, um bewusst zu täuschen und Einfluss zu nehmen – das kennen wir aus dem ersten Kapitel dieses Buches.

Auch bei der Faktenbündelung besteht die Möglichkeit, Falschinformationen zu erzeugen. Nachdem geklärt wurde, welche Fakten als relevant angesehen werden, muss eine Bündelung der Fakten stattfinden – in Form einer Sendung, eines Artikels oder Podcasts. Das Problem: Sie müssen für einen solchen Beitrag die Fakten gewichten. Welche der Fakten sind mehr oder weniger wichtig, welche Fakten nehmen in der Berichterstattung mehr Raum ein, welche vernachlässigt man? Hier fließt das dritte Element unserer Gleichung ein, die Wertung, die eigentlich dort nichts zu suchen hat. Anders gesagt, der Übergang von den Fakten zu den Wertungen ist oft fließend – und daher ist es bisweilen schwer auseinanderzuhalten, wo die Fakten enden und die Wertungen beginnen.

Die so zustande kommende mediale Meinung ist also schon ein Mix aus Fakten und Wertungen. Im angelsächsischen Journalismus ist man hierbei ehrlicher als im kontinentaleuropäischen: Zumindest in *quality papers*, also dem, was man als seriöse Presse bezeichnen kann, werden Artikel dort in *news reports* (Faktenreports) und *opi-*

nion pieces (Meinungsäußerungen) unterschieden – selbst wenn die Meinungsäußerung von einer Nobelpreisträgerin für Physik oder Chemie erfolgt. Damit ist klargestellt, dass es sich bei dem betreffenden Beitrag um die subjektive Wertung eines Sachverhalts handelt.

Warum werden überhaupt Meinungen publiziert? Würde es nicht reichen, Fakten zu berichten? Wohl kaum. Die Aufgabe der Medien besteht ja darin, bei der öffentlichen Meinungsbildung mitzuwirken. Medien dienen der öffentlichen Meinungsbildung, indem sie Meinungsbilder nach den Vorlieben und Wertungen des jeweils spezifischen Mediums (Zeitung, Sender usw.) bereitstellen, die ein entsprechendes Signal an das Publikum senden: »Schließen Sie sich unserer Sichtweise an. Sie stehen mit Ihrer Meinung nicht alleine.« »›Bild‹ Dir Deine Meinung!«, heißt das bei einer großen deutschen Tageszeitung. Das sollte wohl eher lauten: »Schließ' Dich unserer Meinung an!« Meinungsmustergruppen haben zwei Funktionen: Zum einen geben sie einer Meinung Gewicht; ein Einzelner könnte sich mit seiner Meinung im Mediendschungel kaum Gehör verschaffen, aber eine Art Meinungsmuster, eine Gruppenmeinung, erhält allein dadurch Bedeutung, dass viele diese Meinung vertreten. Die Masse der Personen, die hinter der Gruppe steht, verleiht ihr – und damit der Meinung – Gewicht. Die zweite Funktion einer Meinungsgruppe ist eher psychologischer Natur: Die Mitgliedschaft in einer Gruppe verleiht dem Einzelnen eine Identität, eine politische und emotionale Heimat – man ist Teil einer Gemeinschaft mit dem entsprechenden Zusammengehörigkeitsgefühl. Das ist so ähnlich wie bei Fußballvereinen. Und der Einzelne fühlt sich durch die Gruppe und die Gruppenmeinung stärker und fühlt sich zudem berechtigt, die Gruppenmeinung gegenüber Andersdenkenden zu vertreten.

Wie Sie vermutlich schon gemerkt haben, kann es keine »objektiv richtige« Meinung geben. Alle Meinungen – unabhängig davon, wer sie vertritt – sind subjektiv. Über Fakten lässt sich nicht streiten, über Meinungen aber sehr wohl, auch wenn das Sprichwort »Über

2 Wie kommen Fake News zustande?

Geschmack lässt sich nicht streiten« etwas anderes sagt. Das Problem der Medien besteht also darin, dass sie bereits vorab kaum ausschließlich objektive Informationen liefern können. Dieses Problem wird dadurch verstärkt, dass Medien – und allen voran die sozialen Medien – Meinungsverstärker sind. Und selbst wenn nur Fakten kommuniziert werden, taucht sofort die Frage auf: Wer kontrolliert deren Korrektheit? Wenn Journalisten bereits politische Akteure sein sollten, besteht wenig Hoffnung, dass ausschließlich oder überwiegend korrekte Fakten berichtet werden. Auch oder gerade in den sozialen Medien passiert es häufig, dass Fakten nach den bereits vorliegenden Wertungen selektiert oder gar verbogen werden, um auf dieser scheinbar objektiven Basis die vertretene Meinung zu untermauern und unangreifbar zu machen.

An dieser Stelle stellt sich nochmals die Frage: Sind andere Meinungen Fake News? Klare Antwort: Nein. Meinungen kann man zustimmen oder sie ablehnen. Sind falsche Informationen Fake News? Selbstverständlich. Also muss man trennen: Was ist Wertung und was sind die zugrunde liegenden Fakten? Das ist anstrengend und nicht immer einfach. Aber es muss sein.

3
Wer sind die Akteure von Fake News?

Man kann Fake News nicht verstehen, wenn man nicht ein wenig darüber weiß, wer dahintersteht. Wenn wir im Folgenden über Akteure – oder besser: Gruppen von Akteuren – sprechen, bedeutet das nicht, dass alle Personen dort Fake News erstellen und verbreiten. Es geht uns darum, die jeweiligen strukturellen Voraussetzungen und Besonderheiten zu benennen, die die Produktion von Fake News begünstigen oder erschweren. Dazu wollen wir ein paar allgemeine Erkenntnisse über die Akteure im Fake-News-Dschungel herausarbeiten, ohne diese unter Generalverdacht zu stellen.

Die Politik

»Gesetze sind wie Würste, man sollte besser nicht dabei sein, wenn sie gemacht werden«, hat angeblich der deutsche Reichskanzler Otto von Bismarck einmal gesagt.[78] Für Politik mag das generell gelten – je mehr man vom politischen Betrieb erfährt, um so unappetitlicher wird es. Da ist die Rede vom »gesunden Menschenverstand«, dem »Volk« und der »korrupten Elite«, vom politischen Gegner – anstatt mit faktenbasierten Informationen und wohlbegründeten Politikvorschlägen versucht man das Wahlvolk mit Slogans zu überzeugen. Machen Sie dazu einen Test: Lesen Sie jemandem den Inhalt eines Wahlplakats vor und lassen Sie ihn raten, von welcher Partei dieses Plakat stammt. In den meisten Fällen wird es Ihrem Gegenüber nicht gelingen, die einfachen Slogans – Freiheit, Sicherheit, soziale Gerechtigkeit – einer Partei zuzuordnen. Zwischen Wahlwerbung und Waschmittelwerbung bestehen zwar vom Produkt her Unterschiede, aber kaum welche hinsichtlich der PR-Methoden.

Woher kommt das? Eine Möglichkeit, zu erklären, warum politische Werbung wie Waschmittelwerbung daherkommt, besteht darin, politische Parteien mit Unternehmen zu vergleichen, die um die Gunst ihrer Kunden – sprich: ihre Stimme – buhlen.[79] Und wie sich Unternehmen bemühen, sich einen Markenkern zuzulegen, um von anderen Unternehmen unterscheidbar zu sein (haben Sie sich mal überlegt, warum wir 20 verschiedene Mineralwassermarken brauchen?), benötigen politische Parteien leicht erkennbare Merkmale und Differenzierungscharakteristika, eine normative Identität, um sich von anderen Parteien zu unterscheiden. Bei politischen Unternehmen – den Parteien – ist das die jeweilige Ideologie. Kurz gesagt, bieten Parteien für bestimmte gesellschaftliche Probleme Lösungen an, die auf der parteiinternen Ideologie beruhen. Und so gibt es Parteien, die grün oder gerecht, freiheitlich oder konservativ sind – das ist der Markenkern einer Partei.

Diese Ideologien, der Markenkern oder neudeutsch die DNA der Partei, sollen es dem Wähler erleichtern, für die betreffende Partei zu stimmen – sie sollen das Wahlvolk davon überzeugen, dass die jeweilige Partei für konkrete komplexe gesellschaftliche Probleme die besten Lösungen bereithält, die ihrem Markenkern, ihrer DNA, entsprechen. Damit werben sie um Zustimmung, um Wählerstimmen. Das erspart den Wählern den mühsamen Prozess, sich über alle politikrelevanten Probleme erst einen Überblick zu verschaffen, die Aussagen der Parteien zu diesen Problemen zu studieren, um dann eine faktenbasierte Entscheidung zu treffen, wen man wählen soll. Statt mühseliger Recherche – die sich angesichts des geringen Einflusses der eigenen Stimme auf das Wahlergebnis kaum zu lohnen scheint – eine einfache Entscheidung, die auf emotionaler Parteienwaschmittelwerbung beruht. Ironisch überspitzt könnte man mit

3 Wer sind die Akteure von Fake News?

Umberto Eco sagen: »Für jedes komplexe Problem gibt es eine einfache Lösung, und die ist falsch.«[80] Einfache Ideologien sollen den komplexen Prozess der politischen Meinungsbildung auf plakative Slogans verkürzen. »Reichensteuer jetzt«, »Leistung muss sich lohnen« – für jedes noch so komplexe Problem gibt es eine passende Ideologie im politischen Gemischtwarenhandel.

Hilfreich beim Stimmenfang ist die Uninformiertheit der Wähler. Sie können nicht sicher entscheiden, ob die vorgeschlagenen Lösungen für sie die besten sind, also kann man sie zumindest im begrenzten Rahmen an der Nase herumführen. Der Politikwissenschaftler Claus Offe hat das auf den Punkt gebracht:

>> Politische Erfolge hängen deshalb wohl zunehmend davon ab, was ›die anderen‹ wissen oder nicht wissen, welches Bild sie sich von der Realität machen – und das bedeutet aus der Perspektive politischer Führungsgruppen: was man sie *glauben machen kann*.[81]

Sie sehen, hier geht es jetzt um »Irreführungen, Vereinfachungen, Geheimhaltung, Beschönigung, Verschweigen«.[82] Die Krux ist, dass es den Anschein hat, dass Politik generell auf solche Fake News kaum verzichten kann. Niklas Luhmann spricht daher von der »höhere[n] Amoralität der Politik«[83] und der Medienwissenschaftler Norbert Bolz von einer »Lizenz zum Lügen«.[84] Bolz verweist dabei auf Friedrich Nietzsche, der schon deklarierte: »Die Lüge als Supplement der Macht, – ein neuer Begriff von ›Wahrheit‹«.[85] Die Komplexität der Welt, das daraus folgende unvollständige Wissen der Wähler und die Bequemlichkeit, emotional statt rational zu wählen, sind ein idealer Nährboden für Fake News.

Die Rente ist sicher. Norbert Blüm, ehemaliger Bundesarbeitsminister, sagte im Wahlkampf 1986 den legendär gewordenen Satz: »Die Rente ist sicher.«[86] Am 10. Oktober 1997 wurde dann eine einschneidende Rentenreform verabschiedet, wiederum mit Blüms Worten: »Die Rente ist sicher.« Was soll man dazu sagen? Die Oppositionsparteien im Bundestag jedenfalls waren nicht davon überzeugt. Ob es die Wahlberechtigten 1986 waren?

Nicht gerade verbessert wird dieses Dilemma dadurch, dass auch das Angebot an politischem Personal nicht immer unbedingt die erste Wahl ist. Das zumindest legt eine etwas bösartige Analyse nahe: Das Angebot an Politikern scheint qualitativ begrenzt zu sein.[87] Warum? Bürger, die als Politiker kandidieren, sind – so das Argument – was Kompetenz und Ehrlichkeit angeht nicht immer die erste Wahl, da sich zum Politikerberuf nur solche Menschen hingezogen fühlen, die in anderen Berufen nicht das gleiche Maß an Anerkennung und ein ähnlich hohes Einkommen erhalten würden. Bösartig gesprochen: Nur die werden Politiker, die in anderen Berufen weniger Anerkennung und Geld zu erwarten haben. Will heißen: Es sind nicht die Besten, die in die Politik gehen. Die Beobachtung, dass sich unter den Berufspolitikern etliche Studienabbrecher befinden,[88] widerspricht dieser Idee zumindest nicht. Einschränkend muss hier allerdings ergänzt werden, dass es darüber hinaus noch andere, intrinsische Motive gibt, Politiker zu werden. Dazu gehört auch, sich für bestimmte Werte, Bevölkerungsgruppen oder Themenbereiche einzusetzen.

Ein weiteres, auf den Opportunitätskosten aufbauendes Argument für die suboptimale Qualität von Politik und Politikern könnte darin bestehen, dass in der Politik eine »negative Auslese« stattfindet – es bleiben bei der Bewerbung um Politikjobs nicht die Besten übrig. Sollte die Idee der Negativauslese stimmen, könnte das ansteckend auf gute Politiker und auf nachfolgende Regierungen wirken. Man kann sich das so vorstellen wie beim schon besprochenen Zitronenproblem bei Gebrauchtwagen: Politiker, die nie lügen und auf hochdotierte Karrieren in Unternehmen verzichten, müssen mit unehrlichen und weniger kompetenten Politikern konkurrieren – und die Wähler sind größtenteils schlecht oder gar nicht informiert. Sie können die Qualitätsunterschiede zwischen den Kandidaten und deren Politikangeboten also schlecht einschätzen. Unehrliche Politiker haben daher einen Vorteil: Sie können simple, attraktive Lösungen für komplexe Probleme anbieten, obwohl sie wissen könnten oder müssten (oder sogar wissen), dass die Lösungen nicht funktionieren werden. Ehrliche und kompetente Politiker können und wollen das nicht, zu ihrem eigenen Nachteil. Der politische Wettbewerb ist wie der Wettbewerb bei Gebrauchtwagen kaum in der Lage, eine Auslese der »besten« Politiker im Sinn der gesellschaftlich erforderlichen Problemlösungen herbeizuführen. Schlecht informierte Wähler sind wie schlecht informierte Gebrauchtwagenkunden dazu einfach nicht in der Lage. Daher haben bisweilen bessere Kandidaten schlechtere Aussichten, gewählt zu werden. Das ist die erwähnte Negativauslese. Allerdings weisen die Autoren der Idee von der Negativauslese darauf hin, dass es große Unterschiede zwischen den Ländern gibt.[89] Mit anderen Worten, inwiefern dies tatsächlich in Deutschland der Fall ist, kann nur empirisch geklärt werden. Die Idee der Negativauslese in der Politik ist also für Deutschland hypothetisch, also eine Vermutung, die es empirisch zu überprüfen gilt.

Letzten Endes sind schlechte Politiker die Folge der fehlenden Informiertheit der Wählerschaft: Politiker kommen mit Lügen durch, weil die Wählerschaft weder genug von den komplexen Problemen noch von den Lösungsmöglichkeiten versteht. Sie ist oft nicht in der Lage, nach Wahlen detailliert und ohne hohe Kosten festzustellen, ob die Politik ihre Versprechen gehalten hat und wie die Ausreden der Politiker für schlechte Ergebnisse zu bewerten sind.[90] Daher ist es für die Wählerschaft rational, unwissend zu bleiben[91] – und wie oben bereits gesehen, emotional statt rational zu wählen.

Was aber, wenn politische Informationen – beispielsweise im öffentlich-rechtlichen Rundfunk und Fernsehen – frei, also kostenlos zur Verfügung gestellt werden? Auch dann muss man vermuten, dass die Informationen nicht für eine informierte und interessierte Wählentscheidung genutzt werden.[92] Es sieht eher danach aus, dass wir als Wähler dazu tendieren, uns selbst zu betrügen. Anstatt informiert zu entscheiden, verwenden wir oft unsere bestehenden politisch-ideologischen Sichtweisen, passen unsere politische Weltsicht daran an und interpretieren aus dieser Perspektive neue Informationen. Wenn überhaupt nutzen wir Informationen selektiv und voreingenommen. Wir wollen uns gut fühlen hinsichtlich unserer Werte und Bindungen – und neigen deshalb dazu, Informationen zu glauben, die unserer Weltsicht entsprechen. Zu große Versprechungen für unsere eigene Gruppe und Diffamierung des politischen Gegners sind die Folgen.[93] Unsere Vorliebe für gute Gefühle sowie das Gefühl, selbst politisch »richtig« zu liegen, macht uns manipulierbar – und damit anfällig für politische Fake News. Sie bedienen damit unser Wunschdenken und unsere Tendenz zu Selbstbetrug. Sollten Lügen als solche auffliegen, riskieren Politiker zudem deutlich weniger als etwa Führungskräfte von Unternehmen. Letztere können haftbar gemacht werden für den großen materiellen Schaden, den sie ihrem Unternehmen zufügen können. Politiker riskieren zwar ihr Amt (das ohnehin zeitlich befristet ist), sind darüber hinaus aber nicht haftbar und richten in aller Regel auch ihre Partei nicht zugrunde.[94]

Wissenschaft

Sein Aufstieg war phänomenal, sein Absturz ebenfalls. Der Physiker Jan Hendrik Schön galt als Anwärter für den Physik-Nobelpreis für seine bahnbrechende Forschung zu molekularen Transistoren und supraleitenden Kunststoffen. Er war unter anderem bei den amerikanischen Bell Laboratories beschäftigt. Doch dann flog alles auf: Seine Ergebnisse waren manipuliert. Eine amerikanische Untersuchungskommission kam zum Ergebnis, dass Schön absichtlich getäuscht hatte. Der Absturz war tief: 2004 wurde ihm sogar der

Doktortitel entzogen – zu Recht, wie 2014 das Bundesverfassungsgericht bestätigte.[95]

Wissenschaftler, die falsche Ergebnisse und Daten produzieren? Ja, auch Wissenschaftler können (willentlich oder nicht, wissentlich oder nicht) Fake News produzieren, sie können aber auch – und das ist ihre Hauptaufgabe – der Entstehung von Fake News entgegenwirken. So hat beispielsweise die Forschung an bereits bekannten Corona-Viren dazu beigetragen, den neuen Typ SARS-CoV-2 genau zu untersuchen, Testmethoden bereitzustellen und (unter Mithilfe privater Anwendungsforschung) sehr schnell mehrere Impfstoffe zu ermöglichen. Hier hat die Wissenschaft einen Beitrag zur Bekämpfung von Fake News geleistet: Die Forschung schuf Klarheit über das Virus, die es ohne sie nicht gegeben hätte.

Dennoch kann auch die Wissenschaft zur Quelle von Fake News werden. Da wären zum einen finanzielle Abhängigkeiten von Wissenschaftlern, besonders in der Auftragsforschung: Resultate, die den Auftraggebern nicht gefallen, können unterdrückt oder Resultate nur selektiv angegeben werden, um die Sichtweise der Auftraggeber zu bestätigen. Um diese Gefahren zu begrenzen, müssen Wissenschaftler finanzielle Abhängigkeiten ihrer Forschung bei Publikationen offenlegen.

Tabakindustrie und Wissenschaft. Ein Gerichtsverfahren, das im Jahr 1999 begann und 2006 endete (*United States of America vs. Philip Morris USA Inc. et al.*), bescheinigte der Tabakindustrie hinsichtlich der Gefahren des Rauchens eine »Verschwörung, um die amerikanische Öffentlichkeit zu betrügen«.[96] Die Tabakindustrie wurde dazu gezwungen, interne Aufzeichnungen offenzulegen und im Internet öffentlich zugänglich zu machen. Heraus kam eine über Jahrzehnte hinweg grandiose Beeinflussung von Forschung zum Zweck der Verharmlosung der Gefahren des Rauchens. Involviert war auch ein beeindruckendes Netzwerk von Wissenschaftlern in Deutschland, in dem zwischen 1977 und 1991 mehr als 60 Personen in 110 Projekten tätig waren.[97]

Zudem unterliegen wissenschaftliche Publikationen dem sogenannten Peer-Review-Verfahren. Alle Forschungsarbeiten, die in wissenschaftlichen Zeitschriften zur Publikation eingereicht werden, müssen sich diesem Verfahren unterziehen. Dabei werden sie an zwei oder mehr Fachkollegen (*peers*) zur unabhängigen Überprüfung (*review*) übergeben. Die Prüfer wissen dabei nicht, wessen Arbeit sie lesen, die Autoren wissen nicht, wer ihre Prüfer sind (»Doppelblind-Verfahren«). Erst nach dem erfolgreichen Durchlaufen dieses Prozesses werden die Ergebnisse publiziert. Das ist sozusagen der wissenschaftliche Goldstandard: Eine Studie wird anonym von anderen Experten begutachtet, bevor sie publiziert wird.

Dieser Prozess braucht natürlich Zeit. Entsprechend ergeben sich Probleme, wenn es um die Untersuchung neuer Phänomene geht, bei denen dringender Handlungsbedarf besteht. In Umfeld der Corona-Pandemie kam es darauf an, möglichst schnell wissenschaftliche Ergebnisse zu Verfügung zu haben. Dafür gibt es die Möglichkeit, Studien über Internetportale vorab zu veröffentlichen. Dabei wird immer wieder betont, dass diese Arbeiten noch nicht überprüft sind. Man sollte also solchen Ergebnissen nicht blind vertrauen, sondern vorsichtig damit umgehen. Das ist leider keineswegs immer der Fall. Auch das ist eine Quelle für voreilige, vermeintliche News, die sich als falsch herausstellen können.

Eine weitere potentielle Quelle für Fake News ist der enorme Publikationsdruck, unter dem Wissenschaftler stehen. Um in die prestigeträchtigen Journals zu gelangen, muss man zudem möglichst spektakuläre, auffällige Ergebnisse erzielen. Veröffentlichungen in prestigeträchtigen Fachjournalen sind Eintrittskarten zu akademischen Positionen, Empfehlungsschreiben für die weitere Karriere, der Weg zu akademischem Ruhm und einer festen Stelle. Der Druck der Universitäten auf die Forscher ist enorm: Da werden Zielvereinbarungen über Menge und Art der Publikationen getroffen, die ein Forscher erbringen muss. Von ihnen hängt dann dessen akademische Existenz oder sein Gehalt ab. Bisweilen werden sogar Prämien für die prestigeträchtigen Peer-Review-Publikationen gezahlt,[98] um die Position der Universität oder des Forschungsinstituts in den Rankings zu verbessern, was letzteren wiederum Prestige und Gelder sichert. Das alles lädt zu Missbrauch geradezu ein mit dem Ergebnis, dass bisweilen Resultate veröffentlicht werden, die falsch oder nicht haltbar sind.[99]

Die Replikationskrise. Fachzeitschriften veröffentlichen eher positive Ergebnisse, also Studien über Dinge, die funktionieren – »XY hilft gegen Migräne« ist interessanter als »XY hilft nicht gegen Migräne«. Das führt dazu, dass Forscher den Anreiz haben, in ihren Studien vor allem positive Ergebnisse zu produzieren und diese als »statistisch signifikant« auszugeben, was die Ergebnisse glaubhaft macht. In den vergangenen Jahren jedoch ist es in der Psychologie, aber auch in anderen wissenschaftlichen Disziplinen zu einer sogenannten Replikationskrise gekommen. Viele Studien mit angeblich statistisch signifikanten Ergebnissen ließen sich in Nachfolgeuntersuchungen nicht bestätigen – eine Grundvoraussetzung aller empirischer Forschung. Die behaupteten Zusammenhänge waren also nicht signifikant, die Ergebnisse waren nicht haltbar.[100]

Und es kommt noch dicker: Mittlerweile gibt es nahezu auf allen Gebieten angebliche »Fachzeitschriften«, die schnelles Publizieren versprechen – es geht ihnen aber nur darum, Geld von den Wissenschaftlern dafür zu erhalten. Eine Qualitätskontrolle findet nicht statt. Diese Journals streichen Publikationsgebühren ein und veröffentlichen dann Artikel ungeprüft. Will heißen: Jeder mit dem nötigen Kleingeld kann pseudo-wissenschaftliche Artikel in diesen Journals veröffentlichen, auch wenn man keine Ahnung von dem betreffenden Wissenschaftsfeld hat.[101] Wissenschaftler und ihre

Tätigkeiten unterliegen eben auch psychischen, sozialen und ökonomischen Anreizen und Beschränkungen, die manche auf unredliche Weise versuchen, auszudehnen. Es gibt also auch Interna des Wissenschaftsbetriebs, die geeignet sind, zur Produktion von Fake News beizutragen.

Doch selbst wenn Wissenschaftler korrekt arbeiten, kann die Wissenschaft immer noch eine Quelle von Fake News sein, nämlich dann, wenn ihre Ergebnisse schlecht kommuniziert werden. Wissenschaftliche Arbeiten und Forschungsbeiträge in Fachzeitschriften sind schwer zu lesen und zu verstehen, wenn man keine fachspezifischen Kenntnisse hat. Deshalb müssen sie eigens für die Öffentlichkeit heruntergebrochen werden. An dieser Schnittstelle zwischen Wissenschaft und Gesellschaft kann es zu Fake News kommen, wenn wissenschaftliche Ergebnisse selektiv und unvollständig oder aber verzerrt wiedergegeben werden. Dabei können Wissenschaftler involviert sein, sie müssen es aber nicht. Wissenschaftler sind grundsätzlich nicht dafür verantwortlich, was aus ihren Ergebnissen gemacht wird oder wie sie weiter kommuniziert werden.

Für die Wissenschaftskommunikation gibt es den Wissenschaftsjournalismus. Die dort tätigen Journalisten sollten über die erforderliche Bildung verfügen, um die wissenschaftlichen Ergebnisse zu verstehen und in allgemein verständlicher Form zu präsentieren. Leider ist das nicht immer der Fall. Insbesondere im deutschen Journalismus ist zu beobachten, dass man als fachfremder Journalist in eine Redaktion gesteckt wird, in der man sich dann in ein Thema einarbeiten muss. Wer aber über ein Themengebiet berichten muss, das ihm eigentlich fremd ist, kennt nicht alle relevanten Studien und Theorien (schon den Profis fällt es schwer, den Überblick über publizierte Forschungsarbeiten zu behalten), kann die verwendeten Methoden nur mit Mühe beurteilen und möglicherweise nicht alle Aspekte einer Forschungsarbeit nachvollziehen. Gesellt sich dazu noch die auflagenrelevante Notwendigkeit, aufsehenerregende Überschriften zu finden, mutieren vorsichtige Aussagen der Wissenschaft schon einmal zu bahnbrechenden Erkenntnissen. Und jetzt haben wir noch nicht einmal darüber gesprochen, dass auch Journalisten Meinungen haben, in deren Licht sie wissenschaftliche Befunde auswählen und beurteilen. Womit wir bei den Journalisten wären.

Journalismus

Es ist eine kleine, aber meinungsmächtige Gruppe: Der Anteil der Bevölkerung über 14 Jahre, der in den Bereichen Journalismus, Publizistik und Verlagswesen tätig ist, beläuft sich auf geschätzt 1,8 Prozent.[102] Dennoch kann oder muss ihr ein ziemlich großer Einfluss auf die öffentliche Meinungsbildung eingeräumt werden. Tabelle 2 zeigt, in welchen Medienunternehmen festangestellte Journalisten arbeiten. Trotz der Digitalisierung und der Konkurrenz von Radio und Fernsehen dominieren im Journalismus immer noch die Printmedien mit 22.000 Beschäftigten, also einem Anteil von fast zwei Dritteln.

Tab. 2: Anzahl festangestellter Journalisten in Deutschland 2019

Medienunternehmen	Anzahl festangestellter Journalisten
Zeitungen	13.000
Zeitschriften	9.000
Öffentlich-rechtlicher Rundfunk (Hörfunk und TV)	7.000
Privater Rundfunk (Hörfunk und TV)	7.000
Insgesamt	*36.000*

Quelle: Statista (2023b).[103]

Die Top Fünf der meistzitierten Quellen in den Politik- und Wirtschaftsteilen deutscher Medien waren 2022 auf Platz 1 *Der Spiegel*, auf Platz 2 das *Handelsblatt*, auf Platz 3 *Bild*, auf Platz 4 die *New York Times* und auf Platz 5 *Bild am Sonntag*.[104] Das ZDF rangierte auf Platz 7, die ARD auf Platz 11. Auch hier dominieren also Printmedien, die allerdings auch online verfügbar sind.

Das Thema Fake News ist im Journalismus angekommen. In einer Umfrage unter Medienschaffenden aus dem Jahr 2022 wurde die »Aufrechterhaltung der Glaubwürdigkeit als vertrauenswürdige Nachrichtenquelle/Bekämpfung des Vorwurfs von Fake News« mit Abstand am häufigsten als größte gegenwärtige Herausforderung für den Journalismus genannt (von 36,6 Prozent der Befragten).[105] Um diese Herausforderung zu verstehen, ist es in einem ersten Schritt hilfreich, zu sehen, woher Journalisten ihre Informationen beziehen. Wie Tabelle 3 zeigt, sind es neben Branchenexperten (auf

Tab. 3: Nützlichste Informationsquellen von Journalisten in Deutschland 2022

Informationsquelle	Anteil der Befragten
Pressemitteilungen	28,6 %
Branchenexperten	21,4 %
Nachrichtenagenturen	20,1 %
Unternehmens- / Pressesprecher	13,9 %
Themenvorschläge via E-Mail	6,4 %
Kunden einer Marke / eines Unternehmens	2,9 %
Unternehmenswebseite	2,7 %
Social-Media-Kanäle eines Unternehmens	1,8 %
Vertreter einer PR-Agentur	1,7 %
Unternehmensblog	0,5 %

Quelle: Statista (2023d), S. 15.[106]

Rang 2) insbesondere Pressemitteilungen und Nachrichtenagenturen, die Journalisten als die nützlichsten Informationsquellen ansehen. Pressemitteilungen und Agenturberichte sind in der Regel kurzgehalten, Tiefgang kann man hier nicht erwarten. Und Pressemitteilungen sind interessengeleitet, also kaum eine gute Quelle für unabhängige Informationen. Lediglich Branchenexperten und Kunden sind Quellen, von denen man sich (wenn überhaupt) unvoreingenommene Informationen versprechen kann.

Es wäre unfair, Journalisten zu unterstellen, dass sie Fake News verbreiten *wollen*. Das gilt selbstverständlich auch für allen anderen Berufsgruppen.

Zunächst einmal haben auch Journalisten eine Meinung wie jeder andere Mensch auch, und es ist schwer vorstellbar, dass diese Meinung nicht auch ihre Berichterstattung prägt. In einer Umfrage unter 743 deutschen politischen Journalisten gaben zwar die meisten der Befragten an, keiner Partei nahezustehen (36,1 %), aber danach folgten die Grünen (26,9 %), SPD (15,5 %), CDU/CSU (9 %), FDP (7,4 %), die Linke (4,2 %) und Sonstige (0,9 %).[107] Das heißt allerdings nicht, dass auch ihre Berichterstattung davon beeinflusst sein muss oder wird. Der amerikanische Politikwissenschaftler Thomas Patterson und der deutsche Kommunikationswissenschaftler Wolfgang Donsbach finden allerdings in Großbritannien, den USA, Schweden, Italien und Deutschland einen klaren Zusammenhang zwischen den privaten Meinungen der Journalisten und der Auswahl der Tagesnachrichten – ein Zusammenhang, der bei Zeitungen ausgeprägter war als im Fernsehen.[108] Das deutet darauf hin, dass Journalisten sich bei der Auswahl von Nachrichten auch von ihren politischen Vorlieben leiten lassen. Dabei fällt auf, dass es einen Unterschied zur Verteilung der politischen Präferenzen in der Bevölkerung gibt (Zweitstimmenanteile in der zeitnahen Bundestagswahl 2009: CDU/CSU 33,8 %, SPD 23 %, FDP 14,6 %, Die Linke 11,9 %, Grüne 10,7 % und Sonstige 6 %[109]). Vereinfacht gesagt: Es scheint, dass deutsche Journalisten politisch gesehen grüner waren als der Durchschnittsbürger.

Zudem gibt es auch im Bereich Journalismus typische Fallen für Fake News. Dies hängt insbesondere an folgenden Voraussetzungen journalistischer Tätigkeit.

Erstens sind Journalisten darauf angewiesen, dass ihre Informationsquellen News und keine Fake News bereitstellen. Diese Gefahr besteht aber immer, da jede Quelle selbst unwissentlich von Fake News infiziert sein kann, oder aber nur als seriös getarnt ist. Daher dürfen sich Journalisten nicht auf eine einzige Quelle verlassen, insbesondere, wenn es sich um brisante Nachrichten handelt. Monoquellenjournalismus ist eine der Gefahrenquellen für Fake News im Journalismus.

Zweitens sind die wirtschaftlichen Anreize für sorgfältigen Journalismus nicht so groß, wie man sich wünschen würde. Wirtschaftlich gesehen bemisst sich der Erfolg von Medienunternehmen an der Auflage von Printmedien, den Klicks im Internet und den Zuschauerquoten für Fernsehen und Radio – an diesen Kennzahlen messen die Unternehmen auch ihre Journalisten. Und wir wissen, wie man Auflage, Klicks und Quoten erzeugt: mit spektakulären Geschichten, mit Geschichten, die die Erwartungen der Leser und Zuschauer bedienen, mit einfachen Wahr- und Weisheiten, mit zugespitzten Positionen. Fakten, ausgewogene Berichterstattung, Zweifel und Ungewissheiten – das alles hat keinen Platz in der Erfolgsmessung des Journalismus, womit auch Medien anfällig sind für Fake News, ob gewollt oder ungewollt, ob bewusst oder unbewusst. Der öffentlich-rechtliche Rundfunk nimmt hier eine Sonderstellung ein, da über die Rundfunkabgabe die Existenz von ARD und ZDF gesichert ist. Dennoch spielen auch bei den Öffentlich-Rechtlichen Zuschauerquoten und Werbung eine nicht zu unterschätzende Rolle, und auch die dort beschäftigten Journalisten haben eine persönliche Agenda.

Das dritte Einfallstor für Fake News in die Medien ist unsere eigene Sensationsgier und unsere Voreingenommenheit bei konfliktgeladenen Themen wie beispielsweise der Corona-Pandemie, dem Ukrainekrieg und der Sicherheit der Energieversorgung. Die Medien liefern uns letztlich das, was wir uns wünschen, und wir haben ja bereits gesehen, dass wir nicht immer objektive Berichterstattung brauchen oder sogar wünschen. Bei Themen, die die Gesellschaft affektiv, moralisch oder politisch spalten oder zu spalten drohen, wäre es die Aufgabe des Journalismus, zu einem ausgewogenen, rationalen Diskurs beizutragen und kein Öl ins Feuer zu gießen. Dies kann an unserer eigenen Voreingenommenheit, aber auch an der Voreingenommenheit der Berichterstatter scheitern.

Ein besonderer Bereich der Berichterstattung ist der Investigativ-Journalismus. Bei ihm geht es darum, Missstände und Skandale in wichtigen Bereichen der Gesellschaft, insbesondere Politik und Wirtschaft, gründlich und unvoreingenommen zu untersuchen und die Ergebnisse zu publizieren.[110] Im Investigativ-Journalismus geht es hauptsächlich darum, der Verschleierung von Aktivitäten und Ereignissen entgegenzuwirken und diese offenzulegen. In diesem Sinn kann diese Art von seriösem Investigativ-Journalismus auch als Anti-Fake-News-Aktivität angesehen werden. Allerdings muss man sich darüber im Klaren sein, dass auch die Informanten eine Agenda haben, wenn sie den Investigativ-Journalisten brisante Informationen zukommen lassen.

Der Fall Wirecard. Wirecard galt als deutsches Shooting-Star-Unternehmen im Bereich der sogenannten Fintechs (Unternehmen, die digitalisierte Finanzdienstleistungen erbringen) und wurde politisch eine Zeitlang auch entsprechend hofiert. Zu Fall gebracht wurde dieses Unternehmen nicht etwa durch die deutsche Finanzaufsicht Bafin, sondern mithilfe des britischen Journalisten Dan McCrum, der seine Rechercheergebnisse über den Bilanzbetrug von Wirecard in der britischen Zeitung *Financial Times* publizierte. Die veröffentlichten Wirecard-Bilanzen der neuesten Zeit waren nichts anderes als Fake News. McCrum hatte sechs Jahre daran gearbeitet, dies aufzudecken, und erhielt dafür einen Sonderpreis beim deutschen Reporterpreis 2020.

Influencer

Vergnügungsparks, 4D-Kinos, Fußball, Harry Potter und Eiscreme – so schön kann das Leben sein, das Leben in Nordkorea. Nordkorea? Die meisten informierten Menschen haben ein anderes Bild als das, welches von Influencern wie Yu Mi, Song A oder Un A verbreitet wird. Kenner der Szene vermuten, dass diese Influencer vom nordkoreanischen Regime gelenkt werden, um der Welt ein positiveres Bild der Erbdiktatur zu vermitteln.[111]

Influencer nennt man solche Leute, die ihre Reichweite in den sozialen Medien nutzen, um für die unterschiedlichste Produkte, Lebensstile oder Anliegen zu werben. Sie können Schminktipps geben, Computerspiele kommentieren, Politik machen oder Witze verbreiten – die Bandbreite dessen, was man auf sozialen Medien senden kann, ist unbegrenzt. Influencer kommen aus allen Bereichen der Gesellschaft. Sie versuchen, für ihr Anliegen, für ihr Produkt Interessierte zu finden und an ihren Kanal zu binden, zu Followern zu machen. Das Wort »Influencer« stammt vom Englischen *to influence* und bedeutet »Beeinflusser«. Und genau das versuchen Influencer, sie wollen uns politisch, kulturell und vor allem mit Blick auf unsere Brieftasche beeinflussen. Das Besondere: Durch die soziale Bindung an den Kanal und die Interaktion kommen die verbreiteten Themen in der Regel nicht wie klassische Werbung daher, sondern wie der vertrauenswürdige Rat eines Freundes. Deshalb sind Influencer oft die Speerspitze der modernen Werbeindustrie. Weil sie das sind, kommt das Geld, das sie verdienen, oft von den Unternehmen, deren Produkte sie bewerben. Je größer die Zahl der Follower, desto teurer die Beiträge (»Posts«), die sie für ihre Follower-Klientel produzieren.[112] Für einen solchen Post kann man als Influencer je nach Zahl an Followern 50 bis etwa 13.000 Euro erhalten. Für den Influencer-Jackpot benötigt man allerdings mehr als eine Million Follower.

Sofern sich die wirtschaftlichen Aktivitäten von Influencern auf Werbung für Produkte beziehen und dies auch klar erkennbar ist, weiß man als Medienkonsument, was einen erwartet. Werbung übertreibt, und je öfter Vorsilben wie »Super« oder »Mega« vorkommen, umso größere Vorsicht ist geboten.

Tabelle 4 zeigt die zehn einflussreichsten Influencer auf YouTube, die Bereiche, in denen sie hauptsächlich tätig sind, und die ungefähre Zahl ihrer Follower.

Tab. 4: Die zehn erfolgreichsten Influencer auf YouTube

Platz	Name	Bereich und Zahl der Follower
1	Pamela Reif	Health und Fashion; 9,07 Mio. Follower
2	The Fat Rat (Christian Friedrich Johannes Büttner)	Musik; 6,1 Mio. Follower
3	Julien Bam	Tanz, Gesang, Vlogs*, Pranks**; 6,03 Mio. Follower
4	Bibis Beauty Place (Bianca Claßen)	Beauty, Fashion, Lifestyle; 5,89 Mio. Follower
5	Gronkh (Erik Range)	Gaming; 4,92 Mio. Follower
6	Luca (Luca Tilo Scharpenberg)	Pranks und Vlogs; 4,87 Mio. Follower
7	Paluten (Patrick Mayer)	Gaming und Vlogs; 4,75 Mio. Follower

Tab. 4: Die zehn erfolgreichsten Influencer auf YouTube – Fortsetzung

Platz	Name	Bereich und Zahl der Follower
8	Simon Desue	Vlogs und Pranks; 4,22 Mio. Follower
9	Julienco (Julian Claßen)	Vlogs und Pranks; 3,99 Mio. Follower
10	Dagi Bee (Dagmar Kazakov)	Beauty; 3,96 Mio. Follower

* Vlogs sind Videoblogs im Internet, in denen im hier relevanten Bereich insbesondere persönliche Stories wiedergegeben werden. ** Das Wort *prank* kommt aus dem Englischen und bedeutet »Streich«. In Pranks werden Streiche gefilmt und den Followern gezeigt.
Quelle: Goldner und Minge (2023).[113]

Auch bekannte Sportler eignen sich als Influencer. Während sich auf YouTube keine Sportler in der Top Ten befinden, sind sieben der Top Ten der Instagram-Influencer in Deutschland im ersten Vierteljahr 2023 Fußballer.[114] Nochmal anders ist es bei TikTok. Tabelle 5 enthält die zehn einflussreichsten Influencer in diesem Medium. Gegenüber YouTube wendet sich TikTok an ein jüngeres Publikum. Zudem sind die Tätigkeitsbereiche der TikToker allgemeiner und vielfältiger als bei YouTube.

Noch etwas anders sieht es aus, wenn Influencer politisch eingesetzt werden oder sich selbst einsetzen. Neben Politikerklärern wie Rezo oder Diane zur Löwen, politischen Berichterstattern und Kommentatoren (beispielsweise Thilo Jung, Jan Böhmermann, Mirko »MrWissen2go« Deutschmann, Louisa Dellert) findet man dort auch digitale Aktivisten (beispielsweise Luisa Neubauer, Mareile Ihde) und sehr viele junge Abgeordnete und Angehörige politischer Parteien.

Influencer wollen immer nur eines, und das sagt ja bereits der Begriff: Einfluss nehmen, worauf auch immer. Dies geschieht mittels der Schaffung von Herdeneffekten, die wir im vorangehenden Ka-

Tab. 5: Die zehn erfolgreichsten Influencer auf TikTok

Platz	Name	Bereich
1	YounesZarou	Trends (etwa 50 Mio. Follower)
2	Condsty	Visuelle Illusionen und Täuschungen
3	Nickaufmann	Trends, Alltag, Reisen
4	Itskingchris	Animes und Fantasy
5	Avemoves	Dance-Influencer
6	Noelgoesgrazy	Tanzvideos
7	Thispronto	Food
8	JoshuaMonis	Hautpflege für Männer
9	Insecthaus_Adi (Adrian Kozakiewicz)	Videos mit Insekten, Spinnen, Schlangen
10	Lisa und Lena	Fashion, Lifestyle und Food

Quelle: Goldner und Minge (2023).[115]

pitel ausführlich erläutert haben. Kurzum: Für Influencer gilt alles das, was wir bereits beim Journalismus gesagt haben: Auch Influencer wollen Aufmerksamkeit, entweder weil sie damit Klicks – will heißen: Einkommen – generieren oder weil sie persönliche Befriedigung darin finden, ihre persönliche Weltsicht anderen Menschen nahezubringen respektive unterzujubeln. Und man sollte sich auch kritisch fragen, was irgendein wildfremder Mensch aus den Untiefen des Internets, der mit Schminktipps, Musik oder Tanz bekannt geworden ist, wirklich über komplexe Themen wie Klimawandel, Krieg oder Corona wissen kann, und ob es nicht bessere Möglichkeiten der Recherche gibt wie beispielsweise etablierte Qualitätsmedien oder Wissenschaftler.

Rezo und die »Zerstörung der CDU«. Das erfolgreichste Video eines YouTubers 2019 war dasjenige von Rezo (so nennt er sich selbst).[116] In »Die Zerstörung der CDU« geht er mit der CDU und ihrer Sozial- und Klimapolitik hart ins Gericht. Die technisch eher unbeholfene Reaktion der CDU darauf verhalf dem Video zu noch größerer Popularität. Das Video ist 55 Minuten lang und erreichte damals mehr als 16 Millionen Aufrufe. Dies ist ein Beispiel dafür, wie auf Politik von Influencern massenwirksam Einfluss genommen werden kann. Rezo lebt von Werbeeinnahmen seiner Videos und betreibt einen eigenen Shop mit Mode. Wie die meisten großen Influencer wird er von einer Agentur betreut, auch wenn er in seinen Videos gerne den Eindruck erweckt, als wäre er der nette Kumpel von nebenan, so wie Du und ich. In einem zweiten Video, »Die Zerstörung der Presse«, griff Rezo die Presse an, die man als seinen Konkurrenten betrachten muss. Die wiederum wehrte sich – die *Berliner Zeitung*, die *Frankfurter Allgemeine Zeitung* und die *Welt* warfen ihm vor, dass die erhobenen Vorwürfe falsch oder an den Haaren herbeigezogen seien. Die *FAZ* sprach von einer »Serie von Manipulationen und Falschbehauptungen«. Zudem empörte sie sich, dass Rezo einen ihre Redakteure als »richtig beschissenen, richtig verachtenswerten Menschen« bezeichnet hatte (später erklärte er, das »nicht so gemeint« zu haben).[117] Die Zeitung *Die Welt* ließ Rezo im hauseigenen Faktencheck durchfallen und hat nach eigenen Aussagen Rezo erfolglos mit diesen Vorwürfen konfrontiert: »Rezo selbst war trotz mehrfacher Anfragen über sein Management nicht für ein Statement zu erreichen.«[118]

Software, Algorithmen und KI

Die Entstehung und Verbreitung von Fake News in unserer Gesellschaft ist zu einem wachsenden Problem geworden, das nicht nur die öffentliche Meinungsbildung beeinflusst, sondern auch tiefgreifende Auswirkungen auf politische Entscheidungen und gesellschaftliche Entwicklungen hat. In diesem Kontext spielt künstliche Intelligenz eine zunehmend wichtige Rolle, sowohl bei der Erkennung und Bekämpfung von Fake News als auch bei der Erstellung und Verbreitung von manipulativen Inhalten. In diesem Text soll daher untersucht werden, welche Herausforderungen und Chancen die Anwendung von künstlicher Intelligenz im Kontext von Fake News mit sich bringt und welche Maßnahmen erforderlich sind, um ihre Auswirkungen auf unsere Gesellschaft zu minimieren.

Und? Wie finden Sie die obige Einleitung zu diesem Kapitel? Sie stammt nicht von den Autoren dieses Buches, sondern wurde von einer künstlichen Intelligenz erstellt – ChatGPT. Stimmt grammatisch, inhaltlich, wirkt aber recht blutleer, oder? Viel Bla, wenig Aha. Was kann Künstliche Intelligenz (KI) wirklich?

Künstliche Intelligenz ist eine Computertechnik, die darauf trainiert wird, menschliche Denkprozesse zu imitieren. KI kann allerdings nur das bewerkstelligen, was sie vorher durch Training gelernt hat.[119] Der Unterschied zu menschlichem Lernen besteht hauptsächlich darin, dass Computer (1) keine eigenen Interessen haben (wie beispielsweise Katzenvideos anschauen), sich also von nichts und niemandem ablenken lassen (es sei denn, der Strom fällt aus), (2) nicht ermüden und (3) keine Fehler machen, wenn sie etwas gelernt haben. Damit eignet sich KI insbesondere für Routineaufgaben, die uns schnell ermüden und die eher langweilig sind. KI kann uns dabei unterstützen und unsere Produktivität erhöhen, uns aber auch an bestimmten Stellen ersetzen. So zumindest sieht das bisher aus. Aber das kann sich schnell ändern.

Soweit wir wissen, hat eine KI kein (menschliches) Bewusstsein. Insbesondere dürfte ihr der phänomenale Teil davon zu fehlen: Sie empfindet nicht nur keine Langeweile und Katzenvideos zaubern kein Lächeln in den Computer – sie empfindet gar nicht.[120] Inwiefern man von Intelligenz sprechen kann, ist eine Frage der Definition; deshalb nennt man diese spezifische Form der Intelligenz ja auch »künstlich«. Der KI scheint es im Vergleich zu menschlicher Intelligenz (gegenwärtig) an Intuition und Kreativität zu fehlen.[121]

ChatGPT ist ein Chatbot, also eine Maschine, mit der man sich unterhalten kann. Neben Antworten auf einfache Fragen kann der Chatbot aber auch längere Texte (Referate u. ä.) auf Anfrage verfassen. Allerdings ist Fehlerfreiheit nicht garantiert, bisweilen erfindet das Programm auch Fakten. Zudem kann es vorkommen, dass im Text plagiiert wird, ohne dass man es als Nutzer merkt.[122] Zwar hat eine Maschine kein Urheberrecht, aber Zitate im Text müssen bei Referaten oder Artikeln selbstverständlich korrekt angegeben werden. Sie können ChatGPT in der offenen Version nach Anmeldung mit Ihrer E-Mail-Adresse frei nutzen.[123] Sie finden den Chatbot über die Internetseite chatgpt.com.

So weit, so klug, aber welche Gefahren hat KI, welche Rolle spielt sie im Informationskrieg um Fake News? Da wären zunächst einmal die Algorithmen: Man kann mittels Computerprogrammen mit einfachen Anweisungen automatisch Fake News verbreiten, die zuvor von einer KI erstellt wurden. Die KI kann auch dazu genutzt werden, automatisch Kommentare und Posts mit gewünschten (falschen oder polemischen) Inhalten zu erstellen und zu verbreiten. Selbst nichtbösartige Algorithmen verbreiten diese Fake News: Soziale Medien wie Facebook oder Instagram nutzen KI-basierte Algorithmen, um Nutzerprofile zu erstellen (Sie hinterlassen im Internet und in den sozialen Netzwerken einen breiten Informations-Fußabdruck, der viel über Sie und Ihre Vorlieben verrät) und Ihnen auf der Basis dessen, was man schon über Sie weiß, neue Inhalte zu empfehlen. Ziel dieser Algorithmen ist es, die Nutzer auf der Seite zu halten, viele Klicks zu erzeugen, weil das entsprechende Werbeeinnahmen generiert. Also wird der Algorithmus Ihnen Inhalte empfehlen, die Ihnen gefallen – also mehr von dem, was Sie ohnehin schon konsumiert haben. Und wenn Fake News viele Interaktionen auslösen, werden sie von anderen Algorithmen wiederum als wichtig eingestuft und häufiger weiterempfohlen, was wiederum dazu führt, dass sie weiterverbreitet werden. Und fertig ist das unappetitliche Desinformationsgebräu, bei dem falsche Fakten erst mit KI erzeugt und dann automatisch gestreut werden, ohne menschliches Zutun.

Eine Untersuchung fand jüngst fast 50 Nachrichten-Websites, die ausschließlich von KI-Chatbots betrieben wurden,[124] die meisten dieser Websites waren sogenannte »Content-Farmen«, das sind Websites, die von anonymen Quellen betrieben werden und nur dem Zweck dienen, Werbeeinnahmen zu erzielen.

Eine weitere Schattenseite von KI ist in der Erzeugung von Fake News zu sehen: Unser Schema der Meinungsbildung kann uns dabei helfen, zu sehen, an welchen Stellen man KI einsetzen kann, um Fake News zu kreieren.

Faktenlage → Bewertungskriterien → Meinungsbildung

Angenommen, jemand versucht, die politische Meinungsbildung zu einem wichtigen Thema zu manipulieren, beispielsweise zum Thema Migration. Ausgehend von den aktuellen Problemen in diesem Bereich ließen sich leicht falsche »Tatsachen« generieren, beispielsweise durch eine KI-Anfrage zu Migrationsmythen. Diese Mythen könnten dann – siehe oben – über soziale Medien an solche Personen automatisch geschickt werden, die sich in der Vergangenheit zum Thema geäußert oder dazu Fragen gestellt haben.

Auch bei den Bewertungskriterien kann KI tatkräftig fälschen. Sie können zwar einwenden, dass Sie selbst entscheiden, wie Sie Informationen bewerten, dazu fragen Sie keine KI. Gut, aber was halten Sie davon: Nachdem die KI Ihnen Fakten geliefert hat (nehmen wir an, dass die Datenlage korrekt wiedergegeben wurde), teilt sie Ihnen die Bewertungskriterien und Meinungen von Personen mit, die Sie sehr schätzen (so etwas ist leicht herauszubekommen; denken Sie an Ihre Datenspuren im Internet) – auch wenn sie diese Meinungen gar nicht vertreten. Auch an dieser Stelle können gefakte Informationen übermittelt werden, die Sie, ohne bei den Personen nachzufragen, nicht auf ihren Wahrheitsgehalt überprüfen können.

Noch einfacher sind wir zu manipulieren, wenn man eine KI direkt nach Meinungen fragt, wenn man sich nicht selbst eine Meinung erarbeiten möchte. Tatsächlich kann eine KI ein Meinungsbild liefern, das den tatsächlichen Gegebenheiten entspricht. Man kann aber auch Meinungen mit Computerprogrammen simulieren, also selbst erstellen, und dann als tatsächliches Meinungsbild darstellen. Das dürfte die einfachste Form der Manipulation sein, die sich mit KI viel leichter erstellen und verbreiten ließe. Erneut kann man Ihnen dabei vorgaukeln, dass das die Meinungen der von Ihnen am meisten geschätzten Personen sind. Zudem ist es heutzutage bereits möglich (und geschieht auch), Videos so zu manipulieren, dass Personen Dinge sagen, die sie nie gesagt haben (das haben wir bereits bei den Deep Fakes kennengelernt). KI macht leider auch das möglich.

Es kommt noch etwas hinzu: unsere eigene Leichtgläubigkeit und – pardon – Denkfaulheit. Wir tendieren dazu, in unserer Herde mitzulaufen, und lassen uns von ihr beeinflussen. Das ist unser evolutorisches Erbe, das aber unser Verhalten nicht vollständig determiniert. Wir können auch anders – wenn wir es wollen und unser eigenes Denkvermögen einsetzen. Dazu wird in Zukunft auch gehören, dass wir selbst KI intelligent nutzen. Es wird Programme geben (und es gibt sie schon), mit deren Hilfe man gefakte Informationen nachweisen kann – auch dazu kann man KI nutzen. So wie wir heute schon Antiviren-Software nutzen, auf Phishing Mails selten hereinfallen, werden wir künftig KI-Programme dazu verwenden, Fake News auszusortieren – das zumindest hoffen wir.

Cambridge Analytica. Der Fall des britischen Beratungsunternehmen Cambridge Analytica machte 2018 Schlagzeilen. Das Unternehmen hatte mit den Daten von 87 Millionen Facebook-Nutzern Persönlichkeitsprofile erstellt, die dann im Trump-Wahlkampf 2016 in den USA und in der Kampagne zum Brexit-Referendum zum Einsatz kamen, um gezielt Personen mit auf sie zugeschnittener Wahlwerbung anzusprechen. Facebook musste für die von den Facebook-Usern nicht autorisierte Datennutzung in den USA 2019 fünf Milliarden US-Dollar Strafe zahlen. Cambridge Analytica hat den Skandal nicht überlebt.

Trolle

Der Job klingt gut: Es werden »kreative Schreiber« für Online-Projekte gesucht. Ljudmila Sawtschuk bewirbt sich und kriegt den Job. Zwischen 700 und 800 Euro pro Monat, das ist mehr als der Durchschnittsverdienst in Russland. Ihre Aufgabe: politische Texte schreiben. Das klingt einfacher, als es ist, denn der Job ist hart: Es wird in 12-Stundenschichten gearbeitet, rund um die Uhr. Es gibt Vorgaben, wie viele Texte man schreiben muss. Auch der Inhalt der Texte ist vorgegeben: Dämon Amerika, Faschisten in der Ukraine, die Weisheit und Klugheit des russischen Präsidenten Vladimir Putin. Ljudmila Sawtschuk wird ein Internet-Troll. Sie hat bei der Troll-Fabrik St. Petersburg, auch als Internet Research Agency oder IRA bezeichnet, angeheuert und flutet die sozialen Medien zwölf Stunden am Tag mit russlandfreundlicher Propaganda. Ein Spezialprojekt von Sawtschuk ist die Wahrsagerin »Cantadora«, die »Expertin« in Astrologie und Parapsychologie ist. Cantadora, deren Profil zeitweise von bis zu fünf verschiedenen Trollen verwaltet wird, soll die Hausfrauen der Mittelschicht ansprechen – und zwischen Sternen und parapsychologischen Phänomenen auch Vorhersagen über Putins Wahlsieg und regierungsfreundliche Propaganda verbreiten. Manche der Trolle, so erzählt Sawtschuk, treiben sich auf den Kommentarbereichen kleiner Provinzzeitungen herum, sprechen dort über das Wetter, die Straße, in der sie (angeblich) leben, und streuen zwischen den Lokaltratsch den ein oder anderen Hinweis auf russlandfreundliche Artikel ein.[125] Die Propaganda der Internet-Trolle kommt also nicht zwangsläufig mit dem rhetorischen Holzhammer daher, und sie zielt nicht nur auf politisch engagierte Nutzer ab, sondern versucht mit subtilen Methoden, die breite Öffentlichkeit zu erreichen.

Sawtschuk ist Journalistin, sie hat sich bei der IRA eingeschlichen und berichtet 2014 der Öffentlichkeit über die Desinformationsfabrik in St. Petersburg und deren Methoden. Die Auftraggeber der IRA sind offiziell nicht bekannt. Kreml-Chef Putin bestreitet, dass der russische Staat dahintersteht, im Gegenteil, man versuche, »das in unserem Land zu bekämpfen«, könne aber Cyberangriffe »patriotischer« Landsleute auf andere Länder nicht ausschließen.[126] Der patriotische Landsmann, der diese Troll-Fabrik gegründet hat, outete sich erst 2023: Er habe die Troll-Fabrik in St. Petersburg »erschaffen und lange Zeit geleitet«, erklärte Jewgeni Prigoschin, Chef der berüchtigten Söldner-Gruppe Wagner, im Onlinedienst Telegram.[127]

St. Petersburg ist beileibe nicht die einzige Troll-Fabrik, das weiß man mittlerweile. Alleine im ersten Quartal 2023 hat der Meta-Konzern, zu dem die sozialen Netzwerke Facebook und Instagram gehören, sechs Netzwerke stillgelegt: in den Vereinigten Staaten, Venezuela, Iran, China, Georgien, Burkina Faso und Togo. Es sind sogenannte »Coordinated Inauthentic Behavior«-Netzwerke, also Netzwerke, die durch koordiniertes nicht-authentisches Verhalten auffallen, ein Verhalten also, das nahelegt, dass hier nicht einzelne Personen miteinander kommunizieren, sondern eine zentrale Steuerung dahintersteht.[128] Andere Statistiken zeigen, dass die IRA alleine 2017 fast 60.000 Posts über den Mikro-Blogging-Dienst Twitter abgesetzt hat, knapp 6.000 Posts über Instagram und rund 4.200 Posts über Facebook.[129] Zuletzt haben Experten im Auftrag des Auswärtigen Amts im Januar 2024 auf dem Kurzbotschaftendienst X (ehemals Twitter) mehr als 50.000 gefälschte Nutzerkonten gefunden, die mehr als eine Million deutschsprachige Tweets abgesetzt haben, mit dem Ziel, Unmut gegen die Ampel-Koalition zu schüren. Dabei tauchte häufig der Vorwurf auf, die Bundesregierung vernachlässige die eigene Bevölkerung, um die Ukraine zu unterstützen.[130]

Trolle sind Personen, die die Kommunikation zwischen Personen mittels abschweifender, irrelevanter und provokativer Beiträge mehr oder weniger massiv stören. Das Ergebnis einer wissenschaftlichen Untersuchung zum Troll-Verhalten: Internet-Trolle zeigen ein sadistisches Persönlichkeitsprofil.[131] Sie haben Spaß daran, andere zu stören, aus der Fassung zu bringen, zu verwirren. Kurz gesagt, es sind unangenehme Zeitgenossen, die man nicht an seinem Tisch oder in seiner Chat-Community haben möchte.

Während individuelle Trolle ein lästiges Übel sind und mit ihren »Späßen« andere verärgern, sind Troll-Fabriken, auch Troll-Armeen genannt, gefährlich. Ihre Aufgabe ist es, gezielt und in großer Zahl Fake News zu verbreiten. Dahinter stecken bisweilen staatliche Instanzen, wie beispielsweise die »Kreml-Trolle«, die dazu da sind, rund um die Uhr das Internet mit verdeckter pro-russischer Propaganda zu fluten – und das auch schon Jahre vor dem russischen Angriffskrieg gegen die Ukraine. Das Problem dieser Trolle ist, dass sie nicht ohne weiteres zu erkennen sind. Sie schreiben Blog-Beiträge und Kommentare unter Pseudonymen, was die anderen Nutzer aber nicht wissen. Forciert wird die Verbreitung von Fake News über solche Netzwerke zusätzlich dadurch, dass automatisierte Programme, Bots genannt, die von den Trollen generierten Inhalte weiterverbreiten. Schätzungen gehen davon aus, dass 2021 rund 42 Prozent des gesamten Datenverkehrs im Internet durch solche Bots verursacht werden – 14,6 Prozent von unschädlichen Bots (beispielsweise solche, die für Suchmaschinen das Netz durchkämmen), 27,7 Prozent von schädlichen Bots.[132]

Sollten diese Desinformationsfabriken erfolgreich sein, wenn also die Auftraggeber erkennen können oder vermuten, dass die Einflussnahme mittels Fake News das Ergebnis von Wahlen oder Abstimmungen tatsächlich in die gewünschte Richtung gelenkt hat, dann werden diese sich vermehren. Und nicht nur das: Sie werden noch viel besser werden, weil sie dann eine noch höhere finanzielle Ausstattung hätten, um personell und technisch aufzurüsten. Der militärische Jargon, der von uns in diesem Abschnitt verwendet wird, ist kein Zufall. Sobald staatliche Stellen in Troll-Fabriken involviert sind und sich deren Aktionen gegen andere Staaten richten, kann man mit Fug und Recht von einem Cyberkrieg sprechen. Wie immer gilt: Das erste Opfer in einem Krieg ist die Wahrheit. Genau darum geht es, wenn Troll-Fabriken tätig werden: Die Wahrheit mit Fake News unkenntlich zu machen.

Storykillers. Unter diesem Titel untersuchte die gemeinnützige Investigativredaktion *Forbidden Stories* unter anderem die Tätigkeit einer israelischen Firma, die sich als eine Troll-Fabrik herausstellte.[133] Nach den Ergebnissen der Recherche soll die Firma in 33 Fällen angeboten haben, politische Wahlen und Referenden zu manipulieren. In 27 Fällen soll der Versuch von Erfolg gekrönt gewesen sein. Die Personen, die für diese Troll-Fabrik arbeiteten, waren im Internet kaum als solche zu identifizieren, da sie Fake-Profile hatten, die von echten nicht ohne weiteres zu unterscheiden waren.

4
Warum und wie funktionieren Fake News?

Um Fake News zu bekämpfen, muss man verstehen, wie sie funktionieren: Was sind die Mechanismen, die dazu führen, dass sich falsche Nachrichten verbreiten, dass wir ungeprüft Informationen und Meinungen übernehmen und nicht hinterfragen? In diesem Kapitel wollen wir uns anschauen, welche Rolle Netzwerke, Filterblasen, Echokammern und die Psychologie spielen.

Informationsmöglichkeiten: Eine Bestandsaufnahme

Obwohl Fake News nichts Neues sind, haben sowohl ihre Anzahl als auch ihre Verbreitung stark zugenommen. Der Grund dafür ist sehr einfach, und er hat etwas mit technischen und medialen Innovationen zu tun: den sozialen Netzwerken. Zeitungen, Radio und Fernsehen – die Medien des 20. Jahrhunderts – waren langsam im Vergleich zu heutigen sozialen Medien. Zudem sind die »alten« Medien, vom Leserbrief und der Telefonhotline einmal abgesehen, nicht interaktiv. Um Nachrichten gleich welcher Art weiterzugeben, kann man als Individuum Zeitungen, Radio und Fernsehen nicht nutzen – man kann zwar Nachrichten und Informationen empfangen, aber nicht aktiv kommentieren und verschicken. Dies ging in der Zeit vor den sozialen Medien über Gespräche und wurde technisch von Festnetztelefonen unterstützt. Demgegenüber wurde Google erst 1998 gegründet, Facebook 2004 und Twitter 2006. Erst in den 2000er Jahren wurden die sozialen Medien für die Bevölkerung insgesamt verfügbar. Mittlerweile nutzen zwischen 68 Prozent (Thüringen) und 82 Prozent (Bayern) der Bevölkerung in Deutschland ab 16 Jahren soziale Medien.[134] Tabelle 6 zeigt die Zahl der Nutzer sozialer Medien weltweit und deren Bekanntheitsgrad in Deutschland (letzteres ohne Messenger-Dienste).

Diese Zahlen zeigen, wie sehr soziale Netzwerke unsere mediale Infrastruktur verändert haben: Es ist fast unmöglich geworden, nicht zumindest eines dieser Netzwerke zu nutzen, sei es beruflich oder privat. Nachrichten und alle sonstigen Informationen verbreiten sich

Tab. 6: Die beliebtesten sozialen Medien

Soziales Netzwerk	Weltweite Nutzerzahl in Millionen[a]	Bekanntheitsgrad in Deutschland[b]
Facebook	2.910	94 %
YouTube	2.562	95 %
WhatsApp	2.000	k. A.
Instagram	1.478	92 %
WeChat	1.263	33 %
TikTok	1.000	89 %
Facebook Messenger	988	k. A.
Douyin	600	k. A.
QQ	574	k. A.
Sina Weibo	573	k. A.
Kuaishou	573	k. A.
Snapchat	557	82 %
Telegram	550	k. A.
Pinterest	444	78 %
Twitter	436	87 %
Reddit	430	52 %
Quora	300	k. A.

Quellen: [a)] Statista (2022a).[135] [b)] Statista (2022b).[136]

damit wesentlich schneller und ihre Zahl steigt beträchtlich an. Dies überfordert unsere Informationsverarbeitungsfähigkeiten. Dazu eine deprimierende Zahl: In den letzten drei Monaten des Dezembers 2021 haben nur rund 24 Prozent aller deutschen Nutzer Nachrichten aus sozialen Medien und News-Seiten überprüft. Zum Vergleich: In den Niederlanden taten dies 56 Prozent.[137]

Das Vertrauen in Medien als Institution ist nicht in allen Ländern der Welt gleich hoch. Das größte Vertrauen in Medien ist nach dem »Edelman Trust Barometer« (ermittelt über Online-Umfragen für 2023) in China zu finden mit 77 Prozent, während es in Saudi-Arabien noch 61 Prozent sind, in Deutschland dagegen nur noch 46 Prozent, in den USA 39 Prozent. Besonders niedrig ist das Vertrauen in Medien in Europa in Irland (37 %), Frankreich (40 %), Spanien (40 %) und Großbritannien (31 %).[138] Die recht hohen Werte für autokratische oder weniger demokratische Staaten spiegeln möglicherweise nicht das tatsächliche Vertrauen der jeweiligen Bevölkerung in die Medien wider.

Wer sagt uns in einer Welt mit einer solchen Flut von Informationen, welche richtig und welche falsch sind? Und was machen wir mit all diesen Informationen? Was nutzt es uns, zu erfahren, dass zwei Prominente sich trennen oder ein Sportler den Verein wechselt? Genau: wenig bis gar nichts. Aber es nimmt unsere Aufmerksamkeit in Beschlag, es kostet uns Zeit, all diese Dinge wahrzunehmen, ihnen unsere begrenzte Aufmerksamkeit zuzuwenden, ohne jeden offensichtlichen Nutzen. Währenddessen entgehen uns andere wichtige Informationen oder wir sind nicht in der Lage, sie als für uns bedeutende Informationen wahrzunehmen, sie zu durchdenken und Entscheidungen zu treffen. Die Verschmutzung unserer Umwelt mit belanglosen oder falschen Informationen verhindert, dass wir wirklich wichtige Informationen wahrnehmen.

Allerdings hängen diese Effekte davon ab, wie lange wir uns am Tag in diesen Netzwerken aufhalten. Weltweit scheint es dabei große Unterschiede zu geben: Im Jahr 2023 war Nigeria Spitzenreiter mit 276 Minuten durchschnittlich pro Tag, in Brasilien waren es 226 Minuten, in den USA 136 Minuten, Schweden 118 Minuten, China 119 Minuten und Deutschland 101 Minuten. Deutschland belegte mit dieser durchschnittlichen täglichen Nutzungsdauer Platz 46 (von 51 Ländern) in diesem Ranking, am Ende liegen Südkorea (71 Minuten) und Japan (51 Minuten).[139]

Und was machen die Menschen so im Netz? Nach den beliebtesten Aktivitäten in den sozialen Medien in Deutschland im Jahr 2022 gefragt, gaben 56 Prozent an, private Nachrichten zu schreiben. Bereits auf Platz zwei landete das Liken von anderen Nutzern mit 43 Prozent und an dritter Stelle das Kommentieren von Beiträgen mit 41 Prozent.[140] Interaktive Tätigkeiten, die bei Tageszeitungen, Radio und Fernsehen nur sehr begrenzt (wenn überhaupt) möglich sind, stellen damit den größten Teil der Aktivitäten in diesen Netzwerken dar. Das ist offensichtlich der Grund dafür, warum sie gegründet wurden und warum sie funktionieren.

Bei der Nutzung von Informationsquellen in Deutschland liegt das Internet mittlerweile schon auf dem zweiten Platz, direkt nach Freunden, Bekannten und Verwandten und deutlich vor Fernseh- und Radioberichten sowie vor allen Printmedien (▶ Tab. 7).

Die häufige Nutzung des Internets macht es für Anbieter von Fake News interessant. Auch prüft niemand – wie bei den traditionellen Massenmedien – die Korrektheit der dort verbreiteten Informationen. Das öffnet Tür und Tor für Fake News. Problematisch kann dies werden, wenn – wie beispielsweise vor Wahlen – gezielt politische Fake News ins Netz gestellt werden.

Tab. 7: Nutzung von Informationsquellen in Deutschland 2023 (Mehrfachnennungen)

Informationsquelle	Anteil der Befragten
Verwandte, Freunde, Bekannte	79,4 %
Internet	77,6 %
Zeitungsberichte	50,9 %
Fernsehberichte	48,0 %
Berichte in Zeitschriften	25,7 %
Radioberichte	25,4 %
Verbände, Organisationen, Firmen	18,3 %
Fachzeitschrift	15,8 %
Messen, Ausstellungen	15,3 %
Sachbuch	14,4 %
Bücherei, Bibliothek	12,7 %

Quelle: Statista (2023h), S. 5.[141]

Wer sich über Politik informieren will, nutzt genau diejenigen Medien am häufigsten, denen man insgesamt am meisten vertraut (Werte für das Jahr 2020): Das öffentlich-rechtliche Fernsehen (38 %), Tageszeitungen (17 %) und das öffentlich-rechtliche Radio (10 %) dominieren hier.[142] Soziale Netzwerke und soziale Medien spielen mit lediglich einem Prozent so gut wie keine Rolle.[143] Das sind gute Nachrichten, da demnach der politische Einfluss von über soziale Medien und soziale Netzwerke verbreiteten Fake News als gering eingestuft werden kann. Ob das auch künftig so sein wird?

Tabelle 8 jedenfalls zeigt, wie Experten in einer Befragung 2021 die Fake-News-Anfälligkeit bestimmter Bevölkerungsgruppen einschätzten. Von den Personen ohne bestimmte (politische) Neigungen sind demnach in erster Linie ältere Menschen sehr stark gefährdet. Diese Einschätzung ist plausibel, da ältere Menschen in der Regel weniger Erfahrung im Umgang mit sozialen Medien und sozialen Netzwerken sowie mit dem Internet haben. Bei Jugendli-

Tab. 8: Anfälligkeit für Falschinformationen (Expertenbefragung 2021)

Personengruppe	Anfälligkeit »sehr groß«
Personen mit bestimmten (politischen) Neigungen	97 %
Ältere Menschen	74 %
Jugendliche, junge Erwachsene	40 %
Bürger allgemein	27 %
Politiker	20 %
Journalisten	13 %

Quelle: Statista (2023h), S. 29.[144]

chen und jungen Erwachsenen gilt ebenfalls, dass sie über wenig Erfahrung verfügen – dieses Mal aber nicht mit den modernen Kommunikationstechniken, sondern damit, den Wahrheitsgehalt von Informationen kritisch zu hinterfragen. Da bei Letzterem Lebenserfahrung von großer Bedeutung ist, können sie ebenfalls als stärker gefährdet angesehen werden als Erwachsene im Allgemeinen. Nach der Experteneinschätzung sind Menschen mittleren Alters deutlich weniger gefährdet als jüngere und ältere Menschen.

Überraschender ist, dass Experten bei 20 Prozent der Politiker eine »sehr große« Anfälligkeit für Fake News konstatieren, beschäftigen sie sich doch tagein, tagaus mit politischen Problemen und den zugrundeliegenden Daten. Man müsste davon ausgehen können, dass politisch tätige Menschen sich dessen bewusst sind, dass alle Informationen, auf denen letztlich ihre politischen Entscheidungen beruhen (sollten), korrekt sein sollten. Daher sollten sie ihre Informationsquellen prüfen und neuen Informationen kritisch gegenüberstehen. Das gilt in noch höherem Maß für den Bereich des Journalismus, der nach Expertenmeinung dennoch ein gewisses, aber deutlich niedrigeres, Anfälligkeitspotential aufweist.

Soziale Medien als Netzwerke

Es war ein einfaches Experiment, das der Psychologe Stanley Milgram 1967 durchführte:[145] In den Städten Omaha (Nebraska) und Wichita (Kansas) wurden sechzig Pakete an zufällig ausgewählte Personen übergeben, die diese an bestimmte Adressen in Boston (Massachusetts) befördern sollten – aber ohne die Post oder andere Kurierdienste in Anspruch zu nehmen. Sie sollten die Pakete an Bekannte weitergeben, von denen sie vermuteten, dass sie andere Personen kannten, die möglicherweise wiederum Leute kannten, die näher an dem ausgewählten Empfänger waren. Die Pakete sollten also über Ketten von Bekannten – mein Freund kennt jemanden, der einen Freund hat, der den Adressaten in Boston kennen könnte – an ihren Bestimmungsort gelangen. Überraschenderweise benötigte es nur wenige Stationen, bis die Pakete ihren Empfänger erreichten. Auch wenn das Ergebnis heute nicht mehr unumstritten ist, war damit die Idee der »Small Worlds« geboren.

In den Vereinigten Staaten nennt man das »Six Degrees of Separation« oder spricht von »Small World Strukturen«,[146] und im Deutschen bezeichnet man es das »Kleine-Welt-Phänomen«. Gemeint ist, dass man mit wenigen Zwischenschritten über andere Personen, die man möglicherweise nur flüchtig kennt, mit allen anderen Bewohnern der Erde indirekt verbunden ist. Diese Verbindungskette ist erstaunlich kurz, wenn man sich die gigantische Zahl der Erdbewohner vorstellt. Sie kennen das: Man trifft im Urlaub fremde Menschen, und bei näherem Plausch stellt sich heraus, dass man gemeinsame Bekannte hat oder Bekannte, über die man andere Bekannte kennt.

In unserem Kommunikationsuniversum sind Radio- und Fernsehsender sowie alle Nutzer, die selbst Inhalte (Content) im Internet oder auf Plattformen im Internet bereitstellen, »Hubs«. Dieser Ausdruck, der wörtlich »Nabe« bedeutet, bezeichnet Orte, von denen – analog etwa zu den Speichen eines Fahrrads – kommunikative

Verbindungen zu einer großen Zahl von Personen bestehen: den Nutzern. Hubs unterscheiden sich durch ihre Größe, also der Zahl ihrer Nutzer. Würden kleine Hubs – z. B. Influencer – verschwinden, hätte das keine Auswirkungen auf den Zusammenhalt der Kommunikationsnetzes. Analog würde das Flugverkehrsnetz auch weiterhin ausgezeichnet funktionieren, wenn beispielsweise ein kleiner Regionalflughafen dicht macht. Verschwinden aber große Hubs wie der Frankfurter Flughafen, hätte das gravierende Auswirkungen auf das weltweite Netz der Flugverbindungen. Ähnliche Effekte wären zu erwarten, wenn ARD und ZDF plötzlich wegfallen würden.

Anhand dieser Überlegung können wir ein besseres Verständnis der Funktion von Influencern gewinnen. Diese Personen versuchen, möglichst viele Follower zu finden, um zu einem möglichst großen Hub zu werden. Schaffen sie dies, können sie mit ihren Botschaften viele Personen erreichen und sie mit ihren Nachrichten, Informationen und Videos beeinflussen. Wer also in (sozialen) Netzwerken erfolgreich sein will, muss versuchen, ein Hub zu werden, also möglichst viele Beziehungen zu anderen Nutzern aufzubauen.

Vielleicht kennen Sie im privaten Bereich solche Leute, die Hub-Funktionen einnehmen: Gesellige Menschen, die einen bemerkenswert großen Bekanntenkreis haben, viele Leute kennen, schnell neue Bekanntschaften schließen und auch vermitteln, möglicherweise auch das Charisma haben, um andere Menschen zu überzeugen – das sind Personen mit Hub-Funktionen. Und über solche Hubs verbreiten sich Nachrichten und Informationen schnell.

Filterblasen

Sie kennen das: Sie schauen sich im Internet Mode an, ein rotes Kleid oder einen grauen Mantel. Und schon beim nächsten Besuch in Ihrem sozialen Netzwerk – Facebook, Instagram oder was auch immer – sehen Sie Werbung für rote Kleider oder graue Mäntel. Mittlerweile haben wir uns an diese eigentlich gespenstische Veranstaltung gewöhnt, denn wir wissen, dass wir im Internet Fußabdrücke hinterlassen, die von sogenannten »Recommender Systems« (Kaufempfehlungssystemen) genutzt werden. Sobald wir im Netz etwas bestellen, kommentieren oder auch nur länger anschauen – sofort ist eine Software zur Stelle, die unser Verhalten ausspäht und dazu nutzt, uns Angebote zu machen, denen wir nicht widerstehen können (sollen).

Ja natürlich, wir werden (gemäß den Vorgaben der Datenschutz-Grundverordnung) dazu aufgefordert, unsere Zustimmung zur Datenspeicherung zu geben – geändert hat sich dadurch aber nicht viel: Wir erhalten weiterhin personalisierte, auf unser digitales Selbst zugeschnittene Werbung, Nachrichten und Informationen. Dies ist der erste Teil dessen, was seit 2011 als Filterblase (»Filter Bubble«[147]) bezeichnet wird: Interaktive digitale Kommunikationstechniken ermöglichen es, personalisierte Informationen zu sammeln und sie dazu zu verwenden, uns darauf abgestimmte Inhalte zukommen zu lassen. Die Software späht uns aus und liefert uns Inhalte, die unserer Persönlichkeit und unserem Suchverhalten im Internet entsprechen (oder zu entsprechen scheinen).[148]

Der zweite Teil der Filterblase sind wir selbst: Wie gehen wir mit dieser personalisierten Informationsflut um? Die Antwort ist sehr einfach. Wir können diese Informationen

1. ignorieren, also unbeachtet lassen,
2. sie ungeprüft nutzen und übernehmen oder
3. kritisch prüfen, ob sie zutreffen bzw. uns etwas nützen.

Schauen wir uns diese Optionen einmal an. Alternative (1) hat den Vorteil, dass sie uns nichts kostet und unsere Selbstbestimmung stärkt. Warum soll ich den von einem Computerprogramm geschaffenen Empfehlungen folgen, warum soll ich die mir ungefragt zugeschickten Informationen ansehen? Wenn ich selbstbestimmt entscheiden will, ist Ignoranz die beste Möglichkeit. Alternative (2) hat den Vorteil, dass mir eine aufwendige Recherche, also Suchkosten, erspart bleiben. Wenn das Computerprogramm meine Vorlieben (Präferenzen) kennt, warum soll ich die mir zur Verfügung gestellten Information nicht nutzen? Allerdings ist diese Information nur vermeintlich kostenlos. Folge ich ihr ungeprüft, zahle ich für ein Produkt womöglich zu viel oder mehr, als ich anderweitig dafür hätte zahlen müssen. Oder wenn die Information mein Wahlverhalten beeinflussen soll und ich ihr ungeprüft folge, wähle ich möglicherweise die falsche Partei. Alternative (3) hat den Vorteil, dass ich meine Selbstbestimmung vollständig behalte und mich von Manipulationsversuchen nicht beeindrucken lasse. Dafür bezahle ich dann mit Suchkosten, die ich aufwenden muss, um meine eigene Entscheidung, meine eigene Wahlentscheidung zu treffen.

Diese drei Alternativen habe ich *immer*. Technisch konstruierte Filterblasen sind also nur ein Teil der Filterblasen-Wahrheit. Individuelles Entscheidungsverhalten ist der andere. Es ist höchste Zeit, mit dem Mythos der fremdbestimmten Konsumenten und Wähler entgegenzutreten. Wir sind nur in dem Ausmaß fremdbestimmt, in dem wir es zulassen. Wir entscheiden darüber, wie wir entscheiden.[149]

Und? Ist das so schlimm, wenn wir den Empfehlungen der Algorithmen folgen? Unter Umständen ja, denn die tatsächliche Gefahr von Filterblasen besteht in der Verbreitung von Fake News. Hier trifft Kommunikationstechnik (IT) auf Besonderheiten menschlichen Verhaltens:

Schritt 1: Die IT selektiert Information aufgrund unserer Informationssuche.
Schritt 2: Sie wählt im weiteren Verlauf unserer Suche weitere Informationen aus, die auf unserer vorhergehenden Informationssuche basieren.
Schritt 3: Wir nehmen die neu bereitgestellte Information wahr.
Schritt 4: Wir treffen eine Entscheidung aufgrund der insgesamt vorhandenen Information nach den Schritten (1) bis (3); darauf aufbauend ergreifen wir weitere Suchschritte.
Schritt 5: Zurück zu Schritt 1: Die IT selektiert Informationen aufgrund unserer Informationssuche.

Sie sehen: Wir sind im Kreis gelaufen. Das kann dann so weitergehen. In der Informatik nennt man das eine Schleife. Damit besteht der potentiell gefährliche Effekt der Filterblase darin, dass sie die *Aufmerksamkeit* zu lenken imstande ist und *Selbstverstärkung* bewirken kann.

Die Aufmerksamkeitslenkung kommt zustande, weil wir die IT-Empfehlungen zwar ignorieren können, wir nehmen sie dennoch meistens wahr. Und ob wir wollen oder nicht, diese Wahrnehmung beeinflusst auch unser Denken über bestimmte Sachverhalte. Oftmals ist für den Nutzer auch nicht zu erkennen, dass ein Inhalt eine personalisierte Empfehlung ist, was manche unserer Schutzmechanismen ausschalten kann.

Das Problem von Schleifen besteht darin, dass sie selbstverstärkend sind: Folge ich den Empfehlungen der IT ununterbrochen, ohne davon abzuweichen, bekomme ich nur noch weitere Informationen aus demselben Dunstkreis empfohlen. Sucht man beispielsweise nach kritischer Information zu Corona, wird man anschließend mit weiteren Links zu Informationen aus dem Corona-kritischen Dunstkreis gefüttert. Und schon landet man bei den sogenannten »Querdenkern«. Sucht man dort weiter, werden immer mehr solcher Suchergebnisse gezeigt, man gerät tiefer in diese Welt. Und gerade das ist gefährlich an Filterblasen: Lässt man sich auf bestimmte Informationen immer wieder ein und sucht im selben Bereich weiter, wird man immer noch mehr von demselben finden, aber keine anderen, vielleicht besseren Informationen. Man könnte diesen Selbstverstärkungseffekt den »Fluch der IT« nennen.

Auf dem Weg über Filterblasen können Fake News einfach, schnell und selbstverstärkend verbreitet werden. Auch kritisch denkende Menschen sind davor nicht gefeit. Weil es beispielsweise so viele Links zu Corona-Kritikern gibt (ob seriös oder nicht lässt sich ohne Spezialkenntnisse oft nicht unterscheiden), muss an der Kritik etwas dran sein, denkt man sich – und sucht genau dort weiter. Warum werden so viele Links zu Corona-Kritikern angezeigt? Durch das Suchverhalten und Aufrufen von Internetseiten rutschen diese Seiten im Ranking der Suchmaschinen nach oben, sie werden also für alle sichtbarer. Die größere Sichtbarkeit führt zu einem Selbstverstärkungseffekt zweiter Ordnung: Eine zunehmende Zahl von Personen folgt diesen Links und verbessert damit weiter deren Ranking-Position. Daraus resultiert – wenn es funktioniert – ein Multiplikator-Effekt: Da viele Personen diese Informationen suchen, muss etwas dran sein. Jede weitere Person, die diese Links verwendet, veranlasst wiederum eine oder mehrere Personen, diesen Links ebenfalls zu folgen. So kann eine Bewegung entstehen, die auf Fake News basiert.

Aber noch einmal: Weder der individuelle Selbstverstärkungseffekt noch der Multiplikator-Effekt sind Schicksal. Das kritische Hinterfragen jeder Information, die angeboten wird, stoppt beide Selbstverstärkungseffekte. Anders ausgedrückt, man muss nicht den vorgeschlagenen Links folgen, man muss nicht jede Information lesen, man muss nicht alles glauben, was man liest. Noch anders ausgedrückt, *denken Sie selbst*,[150] verlassen Sie sich nicht auf andere. Aber

Vorsicht: Das ist auch der Slogan der Querdenker und Verschwörungstheoretiker. Hier hilft nur noch eine Regel weiter: *Trau' schau' wem!*

Echokammern

Götter können grausam sein: Die Bergnymphe Echo erhält von Göttervater Zeus den Auftrag, Gattin Hera mit dem Erzählen von Geschichten zu unterhalten, damit Zeus Zeit für außereheliche Vergnügungen hat. Als Hera dieses Komplott entdeckt, bestraft sie Echo grausam: Sie nimmt ihr die Sprache. Echo kann von nun an lediglich die letzten an sie gerichteten Worte wiederholen. Was blieb ist, dass sowohl ein Asteroid als auch ein akustisches Phänomen nach der armen Bergnymphe benannt wurden – seitdem sprechen wir von einem Echo, wenn Schallwellen verzögert wiedergegeben werden. Man ruft »Hallo Echo« ins Tal, und es kommt »Hallo Echo« als Echo zurück.

So muss man sich das vorstellen, was sich in der Literatur als Echokammer (»Echo Chamber«) etabliert hat. Der Begriff stammt ursprünglich vom amerikanischen Rechtswissenschaftler Cass Sunstein.[151] Er beschreibt ein Phänomen, das nach dem Prinzip der Filterblasen funktioniert, aber mehrere Personen einbezieht, die miteinander kommunizieren und sich gegenseitig in ihren Ansichten bestärken. Vereinfacht gesagt, sprechen wir von einer Filterblase, wenn sich einzelne Personen in einer Informationsblase einschließen, während Echokammern einen von mehreren Personen zusammen geschaffenen einen Raum meinen, in dem sich immer wieder ein und dieselbe Meinung widerspiegelt.[152] Letzterer Begriff wird zum Beispiel oft auf den Bereich der Politik angewendet.

Man könnte es so ausdrücken, dass Echokammern und Filterblasen dazu beitragen, den politischen Diskurs über wichtige Fragen (Wer soll der nächste Präsident werden? Sollen zur Sicherung der Energieversorgung die Kernkraftwerke länger laufen? Sollen Panzer an die Ukraine geliefert werden?) zu spalten, zu fragmentieren und polarisieren. Als Konsequenz wird es schwieriger oder sogar unmöglich, eine gemeinsame Basis für Politikentscheidungen zu finden. Wir hinterlassen im sozialen Raum Meinungen, die von Algorithmen aufgegriffen werden, dann liefern uns die Algorithmen Informationen, die diese Meinungen bestärken. Und dann werden diese Meinungen im sozialen Raum von anderen Personen wiederholt, gespiegelt, verstärkt – ein Echo eben. Dass dieser Raum zu anderen Meinungen abgegrenzt oder sogar abgeschottet ist, führt dazu, dass das Echo der eigenen Meinung immer wieder zurück gespiegelt und damit verstärkt wird. Fakten- und Meinungsselektion sind damit gelenkt, in ihrer Richtung verzerrt, prädeterminiert und festgelegt.[153]

Die Besonderheit der Politik gegenüber anderen Bereichen unseres Lebens liegt in der Tragweite der dort getroffenen Entscheidungen: Sie betreffen uns alle. Wenn wir uns als Schalke-04-Fan in einer Echokammer bewegen, hat das andere Folgen, als wenn wir uns in einer Echokammer zum Thema Corona-Maßnahmen einrichten. Schlimmstenfalls kommt es zu einer Polarisierung der politischen Meinungen, entsteht das, was man eine zweigipflige Verteilung der Wählerstimmen nennt:[154] Zwei politische Lager stehen sich unversöhnlich gegenüber, und wenn sie nahezu gleich groß sind, wird ein Land schlimmstenfalls unregierbar, weil es keine stabilen Mehrheiten mehr gibt. Politische Lähmung und zermürbende Grabenkämpfe sind die Folge.

Die Voraussetzung dafür, dass es zu einer solchen stark ausgeprägten politischen Polarisierung kommt, sind:[155]

1. Es handelt sich um eine existenzielle politische Entscheidung (z. B. Corona, Energieversorgung, Klimaschutz).
2. Die Entscheidung wird sehr stark emotionalisiert und moralisiert.
3. Es handelt sich um eine sogenannte binäre Entscheidung, die nur mit Zustimmung (ja) oder Ablehnung (nein) getroffen werden kann.

Existenziell sind politische Entscheidungen, wenn sie sehr wichtig sind, also getroffen werden müssen, und zudem weitreichende und schwerwiegende Folgen haben. Ein Beispiel war die Corona-Pandemie: Sollen alle öffentlichen Einrichtungen zeitweise geschlossen werden (Lockdown)? Ein anderes Beispiel: Sollen Panzer und Kampfjets an die Ukraine geliefert werden?

Was ist mit den Emotionen? Wir hatten bereits im zweiten Kapitel über Emotionen gesprochen – sie sind das Einfallstor dafür, unsere Aufmerksamkeit abzulenken und uns zu manipulieren. Aber sie eignen sich auch hervorragend, um Menschen zu motivieren. Wenn wir emotional einbezogen werden, sind wir auch motiviert, etwas zu Problemen zu sagen und uns einzubringen. Moralisierung führt demgegenüber zu einer Verengung derjenigen Meinungen, die als Lösungsvorschläge zulässig sind. Ist man anderer Meinung, fällt man durch das soziale Raster der zugelassenen Meinungen. Im Extremfall erfolgt eine regelrechte Stigmatisierung durch eine entsprechende Etikettierung der Meinung und damit auch der Person, die diese Meinung vertritt (oder vertreten möchte).

Binäre Entscheidungen lassen keine Kompromisse zu. Man muss Stellung beziehen, eine neutrale Meinung gibt es nicht (mehr). Man ist dafür oder dagegen. Ein Beispiel dafür war das Brexit-Referendum in Großbritannien. Das Thema war nicht nur für das Land existenziell mit weitreichenden Folgen, die Debatten emotionalisiert und moralisierend – man musste auch binär entweder dafür oder dagegen sein. Eine abgestufte Alternative gab es nicht. Blieb man der Abstimmung fern, stimmte man automatisch für den Gewinner. Viele von denen, die zu Hause geblieben waren, dürften es hinterher bedauert haben, damit automatisch für den Brexit gestimmt zu haben.[156]

An dieser Stelle kommen Fake News ins Spiel. Gelingt es – wem auch immer – in diese Auseinandersetzungen falsche Informationen einzuschleusen, kann dies erheblichen Einfluss auf das Ergebnis der Debatte haben. Um politische Meinungen, also Wertungen zu begründen, werden gerne Fakten herangezogen. Dass dies ein klassischer Fehlschluss ist – Fakten sind keine Wertungen –, spielt dabei keine Rolle. Echokammern sind dann sehr geeignet, um für die von den Mitgliedern dieser Echokammer vertretenen Meinung mit Fake-News-Fakten Unterstützung zu generieren. Das Risiko, in der Echokammer auf abweichende Fakten und Meinungen zu stoßen, ist gering – man brät in einer Echokammer im eigenen Saft.[157] Dies gilt grundsätzlich für alle Echokammern und alle Meinungen, auch für die Mehrheitsmeinung. Hier ist der Selbstverstärkungseffekt sogar größer, da der Echoraum, in dem man sich befindet, größer ist als bei Minderheitsmeinungen. Zudem muss die Mehrheitsmeinung nicht faktenbasiert sein, auch sie kann auf Fake News beruhen.

Zur Ehrenrettung der IT muss man sagen, dass die moderne Kommunikationstechnik weder Filterblasen noch Echokammern erfunden hat, diese gibt es schon sehr lange. In Anlehnung an den Satz des Schriftstellers Kurt Tucholsky über die Börse könnte man sagen: »Die IT erfüllt eine wirtschaftliche Funktion: ohne sie verbreiten sich neue Witze wesentlich langsamer.«[158]

Wie unsere Schwächen Fake News stärken

Fake News leben von den Schwächen der menschlichen Psyche – einige Verhaltensmuster von Menschen können dazu beitragen, dass unwissentlich falsche oder nur teilweise korrekte Informationen weitergetragen werden und dass auch die Suche und Aufnahme von Informationen zu schlechten Ergebnissen führt.

Fangen wir mit der *Selektionsverzerrung* (»Selection Bias«) an. Das ist ein Begriff aus der Statistik, den man verwendet, wenn eine Stichprobe nicht repräsentativ für die Grundgesamtheit ist. Ein Beispiel: Sie machen eine Umfrage zum Thema »Tempolimit auf deutschen Autobahnen«. Machen Sie diese Umfrage vor einem Porsche-Autohaus, werden Sie andere Ergebnisse erhalten als auf einer Tagung des lokalen Naturschutzvereins. Beide Stichproben wären nicht repräsentativ für die Grundgesamtheit. Für eine repräsentative Stichprobe müssten Sie sowohl die Porsche-Fahrer als auch die Naturfreunde befragen und die Radfahrer, die LKW-Fahrer und, und, und – so lange, bis Sie einen repräsentativen Querschnitt durch die Bevölkerung zusammenhaben.

Gleiches gilt auch für die Auswahl von Nachrichten und Ergebnissen wissenschaftlicher Studien: Wollen Sie über ein Thema ausgewogen berichten, müssen Sie die ganze Bandbreite aller Studien zu diesem Thema berücksichtigen. Leider passiert es immer wieder, dass Studien mit extremen Ergebnissen oder mit Ergebnissen, die Sensationspotential haben, ausgewählt und berichtet werden, weil Nachrichten Aufmerksamkeit schaffen sollen. Das ist dann eine Selektionsverzerrung.

Eine bekannte Selektionsverzerrung gab es bei der Wahlprognose zur US-Präsidentschaftswahl im Jahr 1936, als Franklin D. Roosevelt gegen Alf Landon antrat.[159] Die Zeitschrift *Literary Digest* hatte mehr als 10 Millionen Wahlberechtigte befragt und aufgrund dieser großen Stichprobe Landon als Wahlsieger prognostiziert. Die Wahl aber gewann Roosevelt mit einer deutlichen Mehrheit von 62 Prozent. Der Grund für die Fehlprognose der Zeitschrift war eine Selektionsverzerrung: Die Zeitschrift hatte die Wahlberechtigten, die sie befragte, aus Telefon- und Kfz-Verzeichnissen rekrutiert. Allerdings stellte sich heraus, dass viele Personen, die für Roosevelt stimmten, weder Auto noch Telefon besaßen.

Der Selektionseffekt überschneidet sich mit dem *Bewertungseffekt*. Nachrichten werden danach bewertet, welche Aufmerksamkeit sie erzeugen: je ungewöhnlicher, je schlimmer, je gefährlicher, desto medientauglicher. »Schnee im Hochsommer« bringt mehr Aufmerksamkeit als »Schnee im Winter«. Die Bewertung von Meldungen mit dem Ziel, Aufmerksamkeit zu generieren, verzerrt die gebotene journalistische Ausgewogenheit und hat daher Fake-News-Potential. Werden beispielsweise an einem Tag 1.000 Personen von einem Großunternehmen entlassen, ist das eine Meldung für die *Tagesschau* und *Heute*. Wird am selben Tag von weiteren 1.000 kleineren Unternehmen jeweils eine Person entlassen, ist das keine Meldung.

Ebenfalls einen Beitrag zur Verzerrung der öffentlichen Meinung leistet der *Leitmedieneffekt*: Berichtet ein großes Medium, ein sogenanntes Leitmedium, über ein Ereignis, dann ziehen alle anderen Medien nach. Warum? Ganz einfach: Das hängt mit der Bedeutung und der Reichweite solcher Leitmedien zusammen. Wenn die *Krähwinkeler Allgemeine Zeitung* über ein Thema berichtet, kriegt das kaum jemand mit. Berichtet aber beispielsweise die *Süddeutsche Zeitung* darüber, erfährt es die halbe Republik, was dann den Redakteur der *Krähwinkeler Allgemeinen* nötigt, auch darüber zu berichten – man will ja seinem Leser nichts vorenthalten. Journalisten beobachten permanent, was die Konkurrenz macht – und greifen die Themen der Konkurrenz auf, um sie den eigenen Lesern nahezubringen.

Damit bestimmen oft Leitmedien mit ihrer Meldung die Realität des Ereignisses, ob es sich im Nachhinein als richtig erweist oder nicht. Deshalb kann man mit dem Soziologen Niklas Luhmann sagen, dass die Massenmedien bestimmen, was wir als Realität wahrnehmen und wie wir sie bewerten (sollen).[160] Das wird auch als »öffentliche Meinung« bezeichnet. Einen solchen Effekt konnte man bei einer auf falschen Informationen beruhenden Kampagne von Greenpeace 1995 beobachten. Der Ölriese Shell wollte die Ölbohrinsel Brent Spar im Meer versenken. Die Bohrinsel lag im Nordatlantik, zwischen Norwegen und den Shetland-Inseln. Shell kam aufgrund von externen Studien zum Ergebnis, dass sich daraus keine gravierenden Umweltprobleme ergeben würden. Greenpeace sah das ganz anders und machte daraus eine öffentlichkeitswirksame Kampagne, die insbesondere in Deutschland hohe Wellen schlug. Am Ende wurde ein Versenkungsverbot für Bohrinseln im Nordatlantik verhängt und Shell entsorgte die Bohrinsel für viel Geld an Land. Das naturwissenschaftliche Magazin *Nature* titelte dazu in einem Meinungsbeitrag: »Die Entscheidung von Shell Oil, eine gebrauchte Bohrinsel nicht im Meer zu versenken, ist eine unnötige Vernachlässigung der Rationalität.«[161] Will heißen: Es gab keinen vernünftigen Grund, die Bohrinsel nicht zu versenken, was auch im Wesentlichen von unabhängigen Wissenschaftlern bestätigt wurde. Dennoch war die öffentliche Meinung durch die Greenpeace-Kampagne gegen Shell und die Bohrinselversenkung gefestigt, und das Versenken von Bohrinseln wurde verboten.

Aber warum haben alle Medien in Deutschland die Brent-Spar-Story aufgegriffen? Das erklärt der *Momentum-Effekt*. Wenn ein Thema »heiß« ist, wollen alle Medien darüber berichten. Ob die zugrundeliegenden Meldungen wahr sind oder nicht, ob sie auf Vermutungen basieren – das alles spielt keine große Rolle. Es ist der Moment, der zählt.

Momentum ist ein psychologischer Begriff, der ursprünglich aus dem Sport stammt.[162] Da haben beispielsweise Basketballspieler einen Lauf mit Drei-Punkte-Würfen oder Fußballmannschaften gewinnen oder verlieren unerwartet mehrere Spiele in Folge. Der Erfolg ist die Mutter oder der Vater weiterer Erfolge bzw. Misserfolge. So zumindest glauben viele, die Sport treiben oder sich beruflich mit Sport beschäftigen. Ob das Phänomen andere Ursachen als den Zufall hat, ist umstritten. Für den Zufall spricht, dass das »Gesetz der großen Zahl« eben kein »Gesetz der kleinen Zahl« ist. Bei recht wenigen Beobachtungen kann es rein zufällig – also ohne erkennbaren anderen Grund – zu Sieg- und Niederlagen-Serien und eben auch Drei-Punkte-Würfen kommen. Der Zufall erzeugt Muster, ohne mitzudenken.

Im Sport mag der Momentum-Effekt fraglich sein, bei Medien ist er es nicht. Journalisten berichten bisweilen nicht über Themen, weil sie diese für wichtig halten, sondern weil andere Medien darüber berichten; weil viel darüber gesprochen wird – damit gewinnt ein Thema Momentum, es bekommt einen Lauf, wird zum Selbstläufer. Auf den fahrenden Zug eines Themas mit Momentum aufzuspringen, erfordert wenig Nachdenken und sichert den Job: Wer Dinge aufgreift, über die jeder berichtet, kann nichts falsch machen. Hingegen kann es bei mangelndem Interesse des Publikums nach hinten losgehen, Themen zu suchen, die in anderen Medien nicht stattfinden – spätestens, wenn der Herausgeber oder Senderchef wegen schlechter Verkaufszahlen oder Einschaltquoten zum Rapport bittet. Beschwert sich der Herausgeber dagegen über den Kampfhunde-Overkill im Blatt, kann man locker auf die Konkurrenz verweisen, die das ja auch mache. Warum unnötige Risiken eingehen? Wer mit der Herde läuft, tut etwas für seine Job-Sicherheit.

Wenn viele Medien über etwas berichten, was sich als publikumswirksam erweist, dann folgt eine Welle von ähnlichen Berichten in »den Medien«. Man muss an einem Problem »dranbleiben«, es weiterverfolgen. Man muss berichten, solange das Thema »heiß« ist.

So kann sehr schnell aus einer medialen Mücke ein realer Elefant werden. Innerhalb kurzer Zeit kann sich die öffentliche Meinung verfestigt haben, wie das obige Brent-Spar-Beispiel zeigt.

Massenmedien- und Momentum-Effekte schaffen *Herdeneffekte*. Vor allem bei komplexen Themen mit hoher Unsicherheit gehen wir gerne auf Nummer sicher und schließen uns der Mehrheitsmeinung an. Wir verlassen uns darauf, dass andere für uns das Denken übernehmen, wir lassen die Medien für uns denken. Gerade das macht uns anfällig für Fake News. Wir scheuen die Zeit und den kognitiven Aufwand, selbst zu denken, und folgen lieber der Herde. Wenn Leitmedien etwas berichten (Fakten) oder bewerten (Meinungen), muss es »richtig« sein. Überprüfen ist aufwendig, glauben billig. Allerdings erwartet man von Leitmedien, dass sie ihre Quellen sorgfältig prüfen. Bei polarisierenden Themen kann das schwierig sein, zumal auch Journalisten – und auch sogenannte Faktenchecker – Meinungen und Emotionen haben. Gerade weil Leitmedien als glaubwürdig gelten, können Einseitigkeiten bei der Faktenauswahl und Fehler bei der Faktenprüfung die Verbreitung von Fake News begünstigen.

Herdeneffekt. Stellen Sie sich vor, auf beiden Seiten einer Straße wird jeweils ein Restaurant direkt gegenüber dem anderen eröffnet. Sie finden beide Speisekarten sehr interessant und die Preise akzeptabel, können sich aber nicht entscheiden. Im linksseitigen Restaurant sehen Sie einige Gruppen von Personen sitzen, im rechtsseitigen nur ein einzelnes Paar. In welches Restaurant gehen Sie? Die meisten Leute gehen in dieser Situation in das besser besuchte Restaurant. Aber warum? Weil sie glauben, dass die anderen Leute etwas über die Qualität der Restaurants wissen, was Sie nicht wissen. Je besser besucht das Restaurant demnach ist, desto höher ist (vermeintlich) seine Qualität. Ein Herdeneffekt.[163]

Ein weiterer, oft übersehener Effekt, der ebenfalls Nachrichten verzerrt, ist der *Monokausalitätseffekt*. Dabei werden komplexe Zusammenhänge auf eine einzige Ursache reduziert. Schuld an der Flutkatastrophe ist alleine der Klimawandel. Die Euro-Krise wurde von gierigen Banken ausgelöst. Schuld am Krieg ist die Waffen-Lobby. Wir reduzieren komplexe Probleme auf eine Ursache, auf einen einzigen Schuldigen, einen Sündenbock. Beliebt sind dabei anonyme Instanzen, die sich nicht wehren können, vor allem Banken, Finanzmärkte oder Großunternehmen, denen man – aus guten und weniger guten Gründen – misstrauen kann. Stellt man sie aber alleine als Schuldige dar, ist das eben oft auch ein Fake. Warum sich die Mühe machen, sich zu informieren, wenn eine einfache Lösung – Banken bestrafen – ausreicht?

Die einfache, monokausale Erklärung macht die Welt wieder überschaubar und eignet sich perfekt, andere Meinungen, Erklärungen und Lösungen zu diffamieren und deren Protagonisten mundtot zu machen. Das ist ein gefährlicher Nährboden für Fake News. Der englische Sozialphilosoph, Ökonom und Politiker John Stuart Mill hat uns gesagt, warum abweichende Meinungen von großer Bedeutung sind:

》 Wenn die [unterdrückte] Meinung richtig ist, werden sie [alle Menschen] der Gelegenheit beraubt, den Irrtum gegen die Wahrheit auszutauschen; wenn sie [die unterdrückte Meinung] falsch ist, verlieren sie – was ein fast genauso großer Vorteil ist – die klarere Wahrnehmung und den lebendigeren Eindruck der Wahrheit, hervorgerufen durch den Zusammenstoß mit dem Irrtum.[164]

Der nächste psychologische Effekt, der *Betroffenheits-* oder *False-Empathy-Effekt* kann einer objektiven, rationalen Berichterstattung ebenfalls schwere Schäden zufügen. Hier werden Nachrichten psychologisiert, um die Mediennutzer emotional einzubeziehen. Sie sollen aufgewühlt, ja sogar wütend gemacht werden, um die als untragbar angesehenen Zustände zu ändern, oder sie werden zu einer bestimmten Meinung gedrängt. Ist man von dem Gelesenen,

Gesehenen oder Gehörten betroffen und empfindet man Empathie, fühlt man sich gut. Warum? Ganz einfach, weil man dann auf der richtigen Seite steht. Eine angemessene, sorgfältige Berichterstattung sieht anders aus. Dort wird der Wert auf Fakten gelegt und gerade nicht auf Emotionen. Wir sagen nicht, dass emotionale Äußerungen nicht vorkommen dürfen – aber dafür gibt es andere, besser geeignete Formate. Die Vermengung von Berichterstattung mit emotionalem oder moralisierendem Zeigefinger ist dagegen nicht angebracht. Sie ist übergriffig, da sie den Lesern, den Zuschauern Emotionen aufzuzwingen versucht. Wenn Sie jetzt an das denken, was wir im ersten Kapitel zu Thema »narrativer Journalismus« gesagt haben, liegen Sie richtig.

Ein weiterer Effekt auf der Seite der Nutzer von Informationen besteht in der Überschätzung der eigenen Fähigkeiten (*overconfidence*).[165] Nicht nur, dass wir bisweilen zu glauben scheinen, dass wir die Welt retten könnten, wir gehen auch davon aus, dass wir sicher richtige von falschen Informationen unterscheiden können. Wir können es nicht, zumindest nicht, ohne Zeit und gegebenenfalls Geld aufzuwenden. Wir bedienen uns der Medien, um uns zu informieren. Wir nutzen dabei Medien, die unmittelbar verfügbar sind, die in einer uns verständlichen Sprache und Komplexität Informationen aufbereiten und von denen wir erwarten, dass sie unsere Werturteile teilen. Leider bieten die Medien keine Garantie dafür, dass die Informationen richtig sind, weil wir sie nicht überprüfen oder nicht überprüfen können. Unsere kognitiven Möglichkeiten, unsere Verfügbarkeit von Zeit und unsere finanziellen Mittel setzen uns recht enge Grenzen. Das Ergebnis: Wir glauben zu wissen, und wir wissen viel weniger, als wir glauben.

Bisweilen kommt es noch krasser. Menschen, die hinsichtlich einer Frage, eines Sachverhalts inkompetent sind, sind dennoch von ihrer eigenen Kompetenz überzeugt. Auch dahinter verbirgt sich Selbstüberschätzung. Konkret handelt es sich um eine verzerrte Wahrnehmung der eigenen Kompetenzgrenzen. In der psychologischen Literatur wird dies als Dunning-Kruger-Effekt bezeichnet.[166] Dass sich hinter großer Zuversicht nicht unbedingt Expertentum verbirgt, macht diesen Effekt gefährlich: Wem kann man noch trauen, wenn selbst Politiker und Experten sich gewaltig irren können, weil sie jenseits ihrer Kompetenzgrenzen agieren? Anders gesagt: An den Tag gelegte große Zuversicht, mit der eine Position vertreten wird, ist kein guter Indikator für ihre Korrektheit. Darum hilft letzten Endes wieder nur: *Trau' schau' wem!*

»Psychologie der Massen« oder Wutbürger an der Wahlurne

Das ist – leider – noch nicht das Ende der Fahnenstange. Wie wir schon weiter oben gesagt haben, können wir nicht von »rationalen« Wählern ausgehen. Wie aber entscheiden sie sich dann, wenn sie nicht rational, also von ihren eigenen Interessen geleitet wählen? Letzteres können sie nur, wenn sie informiert sind. Daher ist wohl generell davon auszugehen, dass Wähler *expressiv* abstimmen.[167] Das bedeutet, dass man an der Wahlurne »seine Meinung zum Ausdruck bringen will«, »seinem Ärger Luft machen will«. Demnach gehen wir (oder zumindest viele von uns) überhaupt zur Wahl, um unsere Stimmung zu artikulieren. Das führt zum nächsten Phänomen, das wiederum mit Fake News zu tun hat: *Affektive Polarisation* wird es wissenschaftlich genannt, auf Deutsch etwa »gefühlsmäßige Einnahme weit auseinander liegender Positionen« – davon haben wir oben bereits gesprochen.[168] Solche Situationen sind so aufgeladen, dass man nur noch diejenigen Informationen (wenn überhaupt) zur Kenntnis nimmt, die mit der der eigenen Position übereinstimmen – der Position, wie sie in den entsprechenden Echokammern kultiviert wird. Viel wichtiger als objektive Informationen werden die Bindungen an und Verbindungen mit Gleichgesinnten. Die Auseinandersetzung kann demnach eher beschrieben werden wie diejenige von Fans unterschiedlicher Fußballmannschaften als von erstzunehmenden, informierten politischen Gegenspielern: »Wir gegen sie«. *All news are fake news, except our news*, sozusagen. Bereits Gustave Le Bon hat in seinem Buch *Psychologie der Massen*[169] darauf hingewiesen, dass sich Menschen als anonyme Mitglieder einer Menschenmasse ganz anders verhalten als sie es als einzelne im Alltag tun.

Wir haben weiter oben schon einmal Bezug auf das Brexit-Referendum genommen. Es dient uns hier als Musterbeispiel einer Abstimmung, die kaum mit einem faktenbasierten Wahlverhalten erklärt werden kann. Die Mehrheit für den Brexit war knapp und mehr als ein Viertel der Abstimmungsberechtigten nahmen am Referendum nicht teil. Bereits im Vorfeld des Referendums war die Stimmung sehr emotionsgeladen und es kam zu einer Spaltung der britischen Gesellschaft in »Remainers« (diejenigen, die in der EU bleiben wollten) und »Leavers« (diejenigen, die die EU verlassen wollten). Das Ergebnis war affektive Polarisation, wie im Nachhinein festgestellt werden konnte,[170] die Briten hatten expressiv abgestimmt.

Ein weiteres Problem, das gerade den Bereich Politik betrifft, besteht darin, zwischen objektiven Fakten und subjektiven Bewertungen zu unterscheiden – das kennen wir bereits. Bei der Meinungsbildung spielen regelmäßig zwei Bestandteile eine Rolle: Fakten und Bewertungen. Heutzutage sollte man nicht über Fakten streiten (müssen), die man schon im Internet in entsprechend zuverlässigen Quellen nachlesen kann. Dennoch sind auch gerade Fakten Fake-News-gefährdet. Warum? Wir hatten ja gesehen, dass ein faktenbasierter Meinungsbildungsprozess so verlaufen sollte:

> Faktenlage → Bewertungskriterien (nicht nur eines!)
> → Meinungsbildung

Man sucht also erst die Fakten, legt danach Bewertungskriterien fest und bildet sich dann eine Meinung. Was aber, wenn wir das Pferd von hinten aufzäumen?

Meinung → Auswahl eines Wert-Kriteriums → Faktenselektion oder -manipulation

Man hat bereits eine Meinung (»Wir sollten nichts tun gegen Corona«) und sucht dann, basierend auf dieser vorgefertigten Meinung, ein dazu passendes Werturteil (»individuelle Freiheitsmaximierung«, ohne Rücksicht auf die Gesundheit anderer usw.). Dazu passend sucht man schließlich (notfalls in den hintersten Ecken des Internets) nach »Fakten«, die sagen, dass »das Coronavirus nur eine Grippe« sei. Fertig ist meine Meinung. Alle anderen Fakten zum Virus sind Fake, eine Verschwörung. Ist man nicht (beispielsweise beruflich) gewohnt, Meinungen zu zerlegen und die Meinungsbildung in die korrekte Reihenfolge zu bringen, also kritisch im besten Sinn des Wortes zu sein, kann es gefährlich werden. Man fällt darauf herein, dass der Meinungsbildungsprozess selbst »gefaket« ist. Der korrekte Meinungsbildungsprozess – erst die Fakten, dann die Bewertung, dann die Meinung – ist mühsam, und deshalb übernehmen wir gerne die vorgefertigten Meinungen, mit denen uns die Personen, Gruppen oder andere Instanzen, denen wir vertrauen wollen, versorgen. Und gerade das macht die politische Meinungsbildung so anfällig für die Manipulation von außen, für Fake News und reinen (sorry für den Ausdruck) Bullshit.

5
Was hilft gegen Fake News?

Nun wissen wir, wie Fake News entstehen, wie und warum sie funktionieren und wer sie verbreitet. Dieses Wissen ist erforderlich, um ein paar Ideen darüber zu entwickeln, wie man sie bekämpfen kann. Man kann Fake News einfach ignorieren – aber ist das eine gute Idee, den Scharlatanen das Feld zu überlassen? Sicher nicht. Also diskutieren, hinterfragen, falsifizieren und die Ergebnisse eines solchen Faktenchecks verbreiten? Auch dieser Ansatz hat seine Tücken, wie wir sehen werden.

Faktenchecker

Am 5. Juni 2023 verbreitet ein deutscher Telegram-Kanal namens *InfoDefenseDEUTSCH* die Erfolgsmeldung, dass die russische Besatzungsmacht nach ihrer völkerrechtswidrigen Invasion der Ukraine im besetzten Mariupol den Busbahnhof erneuert und modernisiert hat – schön bebildert, versteht sich. Echt jetzt? Nein, sagt die Homepage *Der Volksverpetzer*: Die Bilder zeigen den Busbahnhof in Hamburg-Poppenbüttel.[171] Wer im Netz sucht, findet viele dieser Seiten, deren Ziel es ist, Fake News zu erkennen und öffentlich zu korrigieren. »Faktenchecker« nennen sich die Betreiber dieser Seiten, und der Ansatz ist recht einfach: Falsche Fakten suchen, erkennen, widerlegen und öffentlich korrigieren.

Faktenchecker sind uns in diesem Buch bereits begegnet. Wir hatten bereits in Kapitel 2 über sie gesprochen – Faktenchecker sind auch ein Vertrauensgut. Aber dennoch: ein guter Ansatz? Können

Faktenchecker dazu beitragen, das Ausmaß der Fake News zu reduzieren?

Das klingt erst einmal gut, aber ein paar Probleme tun sich auch dabei auf. Das erste Problem besteht darin, Fake News überhaupt zu entdecken. Es gibt verschiedene Methoden, wie man dies bewerkstelligen kann:[172]

- Man untersucht und überprüft den *Inhalt* der Nachrichten. Entweder übernehmen das Experten (also eben die Faktenchecker) oder man setzt auf die Weisheit der Massen (also eine Art Crowd-Faktencheck), indem man Meldungen in Foren diskutiert oder Nutzer auffordert, nach Fake News Ausschau zu halten. Mittlerweile gibt es auch Möglichkeiten, den Kampf gegen Fake News zu automatisieren, beispielsweise über künstliche Intelligenz.
- Anstatt die Inhalte von Nachrichten zu überprüfen, stellt man auf den *Stil* ab, in dem sie geschrieben sind. Fake-News-Autoren nutzen oft Großbuchstaben, eine emotionalere Sprache (gerne Ausrufezeichen) und bestimmte grammatische Strukturen, und nach solchen Anzeichen sucht man, um im Meer der Nachrichten Falschinformationen zu finden.
- Man stellt auf den *sozialen Kontext* ab, in dem Nachrichten erscheinen. Man schaut nach den Netzwerken, in denen sich Nachrichten bewegen, dem Umfeld, in dem sie auftauchen, achtet auf den Strom von Nachrichten, in denen die falschen Informationen schwimmen, oder untersucht die Glaubwürdigkeit von Nutzern, die Nachrichten verbreiten.

Angebote, Fake News zu überprüfen, gibt es im Internet viele. Seiten wie *Factcheck* (factcheck.org) oder *PolitiFact* (politifact.com) überprüfen die Korrektheit der Aussagen von politischen Akteuren im Fernsehen, in Anzeigen, Debatten, Reden oder Nachrichten. Seiten wie *Snopes* (snopes.com) konzentrieren sich auf eher unpolitische Fake News, beispielsweise, ob tatsächlich in dem Disney-Film

Bernhard und Bianca – die Mäusepolizei eine nackte Frau im Hintergrund zu sehen ist (wahr) oder ob ihr Schöpfer, Walt Disney, nach seinem Tod eingefroren wurde (falsch).[173] Die Suchmaschine *Hoaxy* (hoaxy.osome.iu.edu) durchsucht zum einen Seiten, die häufig Fake News verbreiten, zum anderen aber auch Factchecking-Seiten, vergleicht die Daten der beiden Quellen und erstellt eine Grafik, welche die Verbreitung von Fake News, Gerüchten, Satiren oder auch Nachrichten anzeigt.

In Deutschland ist vor allem *Correctiv* (correctiv.org) bekannt, eine spendenfinanzierte Redaktion mit dem Ziel, Missstände, Korruption und unethisches Verhalten aufzudecken, aber man betreibt auch ein Portal für Faktenchecks. Ähnlich funktioniert *Mimikama* (mimikama.org), ein Verein zur Aufklärung über Internetmissbrauch, der Internetbetrug und Falschmeldungen bekämpft, sowie der bereits erwähnte *Volksverpetzer* (volksverpetzer.de). Die Nachrichtenagentur dpa hat ein eigenes Faktencheck-Team, ebenso der Konkurrent AFP.[174] Auch die öffentlich-rechtlichen Sender betreiben Faktenchecks, ebenso die Europäische Union. Und im November 2022 startete das *German-Austrian Digital Media Observatory* (GADMO), ein Zusammenschluss von unabhängigen Agenturen und Forschungseinrichtungen, als deutsch-österreichische Kooperation zur Bekämpfung von Fake News (gadmo.eu).

An Einrichtungen für Faktenchecks besteht also kein Mangel, vielleicht sind es eher zu viele, denn die Vielfalt der Faktencheck-Initiativen führt zu einer Fragmentierung der Wahrheitssuche: Auf welcher Plattform soll man suchen? Anstatt dass es einen Leuchtturm der Wahrheit gibt, auf den man wie selbstverständlich zugreift (so wie man bei einer Internet-Suche sehr oft automatisch zu Google greift), hat man die Qual der Wahl, welche Plattform man fragen oder welche man kontaktieren soll, um mutmaßliche Fake News zu melden. Etwas einfacher gesagt: Es wäre vermutlich sinnvoller, alle Kräfte auf einer Faktencheck-Plattform zu bündeln.

Gäbe es aber nur eine einzige Faktencheck-Plattform, so müsste man fragen, ob das nicht zu einer Monomeinungskultur beim Faktenchecken führen könnte, was die Reputation der betreffenden Plattform untergraben würde. Und jetzt haben wir noch nicht einmal darüber gesprochen, wie man das finanzieren soll. Bezahlt der Staat die Faktenchecks, so werden rasch Vermutungen geäußert werden, dass das alles nur eine staatliche Desinformationskampagne sei. Spendenfinanzierte Faktenprüfungen sind schon grundsätzlich die richtige Idee, das bedeutet aber, dass die Finanzierung solcher Plattformen stets auf wackligen Beinen steht; zudem bleibt die Frage, wie man mit Großspenden umgeht – besteht hier nicht die Gefahr von Einflussnahme und Abhängigkeit?

Das ist nicht das einzige Problem der Faktenchecker. Problem Nummer zwei: Wer kontrolliert die Kontrolleure? Wer sagt, dass Faktenchecker nicht auch eine Agenda haben? Gerade die Grauzone der Fake News, also Berichte, die meinungsbasiert sind und Spielraum für Interpretationen lassen, bietet Raum, den Faktencheck in eine gewünschte Richtung zu lenken. Ein Beispiel dafür bietet der *Volksverpetzer*: Er verweist auf eine Studie, in der die Argumente gegen ein Tempolimit widerlegt werden – ein klares Plus für die Befürworter des Tempolimits (die Studie hat auch in den Medien ziemliches Aufsehen erregt).[175] Streng genommen ist das kein Faktencheck, aber gut. Was dem *Volksverpetzer* aber entgangen ist: Diese Studie weist schwere methodische Mängel auf. So sprechen Forscher in einem Kommentar davon, dass die Autoren »fundamentale Prinzipen der ökonomischen Kosten-Nutzen-Rechnung missachten« und irreführende Annahmen machen.[176] Es geht uns hier nicht darum, ob ein Tempolimit sinnvoll ist oder nicht, sondern um die Frage, ob der *Volksverpetzer* nicht auch über diese Replik hätte berichten müssen. Tut er es nicht, so setzt er sich dem Vorwurf aus, nur ihm angenehme Studien als Bekämpfung von Fake News zu verbreiten.

Petzen geht immer. Die meisten Faktencheck-Seiten bieten an, dass man verdächtige Nachrichten oder Posts melden kann, um sie dort überprüfen zu lassen. Das lohnt sich im Zweifelsfall immer. Manchmal aber reicht es auch, die Nachricht einem Freund zu senden mit der Bitte, zu hinterfragen, ob das mit rechten Dingen zugehen kann. Es lohnt sich immer, eine dritte Person über eine Meldung schauen zu lassen. Bei Meldungen mit potentiell strafrechtlich relevanten Inhalten konnte man sich bis 2022 in Deutschland an *hassmelden.de*, eine zentrale Meldestelle für Hassreden, wenden, die im Zweifelsfall Anzeige erstattete, während man selbst anonym blieb. Leider musste die Meldestelle aus Mangel an Mitteln die Arbeit einstellen.

Bleibt noch Problem Nummer drei: Helfen Faktenchecks überhaupt? Erreichen Aufklärungskampagnen über Fake News diejenigen, die sie erreichen sollen? Zumindest ist klar, dass der Aufwand beträchtlich ist. In der Literatur findet sich dazu Brandolinis Gesetz, auch das Bullshit-Asymmetrie-Gesetz genannt. Es besagt, dass der Aufwand, um Fake News und Falschmeldungen zu widerlegen, deutlich größer ist als der Aufwand, diese Fake News in die Welt zu setzen.[177] Grundsätzlich leuchtet das ein: Falsche Nachrichten sind rasch erfunden, will man sie aber als falsch entlarven, so braucht es Zeit und Mühe, die betreffenden Informationen zu suchen. Falsche Zahlen zu erfinden ist einfach – richtige Zahlen muss man mühsam suchen. Und dann kommt noch die Überzeugungsarbeit dazu: Wer will schon zugeben, dass er Informationsscharlatanen aufgesessen ist, und wer will sich seine – von Fake News bestärkten – Vorurteile zerstören lassen?

Und darüber hinaus muss man bezweifeln, dass Faktenchecker das Weltbild von Verschwörungstheoretikern, Aluhut-Trägern und Flachweltlern wirklich zurechtrücken können. Eine wissenschaftliche Untersuchung lieferte wenig Argumente für Faktenchecker.[178] Zunächst einmal fanden die Forscher eine zweigeteilte Welt vor: auf der einen Seite Nutzer, die sich hauptsächlich auf Verschwörungsseiten aufhielten, dort kommentierten und Likes vergaben, auf der anderen Seite Nutzer, die sich nur auf wissenschaftlich orientierten Seiten tummelten. Überschneidungen waren eher selten. Und was passiert, wenn man nun sogenannte Debunking-Posts auf die Reise schickt, also Beiträge, die Fake News auf den Verschwörungsseiten entlarven? Erschreckend wenig: Kaum ein Verschwörungsanhänger interagierte mit einem der fast 50.000 solcher Beiträge – und wenn, dann schien ihn das eher in seinen Ansichten zu bestärken, denn nach dem Lesen solcher Posts verstärkte sich sein Interesse an verschwörungstheoretischen Beiträgen. Der Teil der Aufklärung, der falsche Fakten widerlegen soll, führt anscheinend eher dazu, dass man sich den falschen Fakten widmet – die Faktenchecker werden vermutlich als Teil der Verschwörung abgetan. Perverserweise könnte das bedeuten, dass Aufklärung nur dazu führt, dass Verschwörungsinhalte mehr Zulauf bekommen.

Gerichte und Gesetze

787 Millionen Dollar. So viel muss der Fernsehsender *Fox News* an Dominion Voting Systems, einen Hersteller von Wahlautomaten, zahlen. *Fox* hatte behauptet, dass die Wahlmaschinen von Dominion verantwortlich seien für die Niederlage des damaligen amerikanischen Präsidenten Donald Trump gegen seinen Konkurrenten Joe Biden bei der US-Präsidentschaftswahl 2020. Neben der Höhe der Summe waren auch die Informationen bemerkenswert, die im Zuge des Prozesses durchsickerten.

Der Ärger für *Fox* begann bereits in der Wahlnacht. Als *Fox* die Vorwürfe des geschassten Präsidenten, die Wahl sei gestohlen, nicht teilte, forderte Trump seine Anhänger auf, den Sender zu wechseln. An diesem Tag fiel der Aktienkurs der Gesellschaft des Senders, Fox Corporation, um sechs Prozent, zwei Wochen später musste der Sender deutliche Einbußen in den Zuschauerzahlen hinnehmen. In der Folge änderte der Sender seinen Kurs. Journalisten, die sich dem Narrativ von der geklauten Wahl nicht anschlossen, verloren ihren Job. Die Prozessakten zeigen, wie schnell *Fox* auf den neuen Kurs schwenkte und damit die Zuschauer zurückholte. Sie zeigen auch die Abscheu von Tucker Carlson, damals Star-Moderator des Senders, in Sachen Polemik und Fake News selbst kein unbeschriebenes Blatt, für den Ex-Präsidenten: »Ich hasse ihn leidenschaftlich«. Trump werde »zunehmend verrückt«, so auch der damalige Vorsitzende der Fox Corporation, Rupert Murdoch.[179] Verkürzt gesagt: Der Sender hat sein Fähnchen wider besseren Willen in den Wind der Trump-Anhänger gehängt. *Fox* kommentierte die Strafzahlung mit den Worten, dass diese Einigung die Verpflichtung von *Fox* für die höchsten journalistischen Standards widerspiegle.[180] Man muss nicht sonderlich pessimistisch sein, um zu prognostizieren, dass dieses Urteil wenig an der journalistischen Praxis von *Fox* ändern wird.

Helfen Strafen und Gesetze gegen Fake News? Das Fragezeichen hinter diesem Satz ist ein recht großes, und das erste Problem, das dieses Fragezeichen so groß macht, ist die Frage, ob man solche Gesetze überhaupt durchsetzen kann. Schwer vorstellbar, dass ein deutscher Staatsanwalt die Beschäftigten – oder noch schlimmer – Verantwortlichen einer russischen Troll-Fabrik vor ein deutsches Gericht zerren könnte. Die Reichweite solcher Gesetze dürfte an der Staatsgrenze enden – im Gegensatz zu den Weiten des Internet, die Fake News aus dem entlegensten Winkel der Welt in jedes Wohnzimmer und auf jeden Rechner tragen.

Hier können Sie sich wehren. Der deutsche Gesetzgeber hat 2017 das Gesetz zur Verbesserung der Rechtsdurchsetzung in sozialen Netzwerken (Netzwerkdurchsetzungsgesetz, NetzDG) zur Bekämpfung von Hasskriminalität, strafbaren Falschnachrichten und anderen strafbaren Inhalte in sozialen Netzwerken erlassen. Das Gesetz verpflichtet die Anbieter großer sozialer Netzwerke, den Nutzern ein Beschwerdemanagement anzubieten, auf Beschwerden über strafbare Inhalte zügig zu reagieren sowie strafbare Inhalte zu löschen oder zu sperren. Kommt es zu einem Streit darüber, ob ein bestimmter Inhalt zu löschen ist oder nicht, kann ein sogenanntes Gegenvorstellungsverfahren durchgeführt werden, das den Anbieter des Netzwerkes dazu zwingt, die Entscheidung zu überprüfen.

Aber der Gesetzgeber kann sich das Leben ja auch leichter machen und die Durchsetzung von Informationshygienestandards den Betreibern sozialer Plattformen überlassen (wie beim Netzwerkdurchsetzungsgesetz, siehe Kasten) – eine gute Idee? Geht so. Zum einen ist die Menge an Inhalten, die jeden Tag die sozialen Plattformen überfluten, so groß, dass eine manuelle Überprüfung dieser Inhalte dem Versuch gleicht, einen Ozean mit einem Löffel zu leeren. Also muss man auf Technologie zurückgreifen, die allerdings nicht perfekt ist – da werden rasch unproblematische Inhalte gesperrt und problematische Inhalte durchgewinkt.

Noch fragwürdiger ist bereits die Absicht, die Betreiber sozialer Plattformen in die Verantwortung zu nehmen und damit die Durchsetzung des Rechts in die Hände privater Konzerne zu legen. Das ist ein wenig so, als würde man Autohersteller dazu verpflichten, das Fahrverhalten ihrer Kunden zu überwachen und gegebenenfalls Verkehrsdelikte nach Flensburg zu melden.

Das zweite Problem der Idee, mit Gesetzen gegen Fake News vorzugehen, ist genau so komplex: Was sind Fake News? Beleidigungen, falsche Tatsachen, Hetze kann man grundsätzlich gesetzlich verfolgen, aber darüber hinaus wird es schwierig, wie wir ja bereits im ersten Kapitel gesehen haben. Propaganda, Demagogie, meinungsgetriebene Beiträge, Vermutungen lassen sich kaum als gesetzeswidrige Tatbestände formulieren, ohne in die Meinungsfreiheit einzugreifen. Deswegen kommt es auch bei gesetzlichen Regelungen gegen Fake News schnell zu einem Zielkonflikt zwischen der

Bekämpfung von Fake News und Zensur – autokratische Staaten haben bereits 2020 im Zuge der Corona-Pandemie die Gunst der Stunde genutzt und Gesetze gegen die Verbreitung von Fake News erlassen, die tatsächlich vor allem dazu dienten, die Meinungsfreiheit einzuschränken.[181]

Medienerziehung

Die Sache fängt harmlos an: Die Stadtverwaltung von Harmony Square will eine Bärenpatrouille einführen. Für den Posten des obersten Bärenaufsehers gibt es nur einen Kandidaten, Ashley Ploog, in den Umfragen liegt er mit mehr als 90 Prozent vorne. Doch einer der Bürger von Harmony Square hat etwas dagegen: Er nennt sich Bay King Soda und ist ein eher zwielichtiger Charakter. King Soda setzt eine Homepage auf: »Harmony News. Im Einklang mit der Realität«. Dort fängt er an, Nachrichten zu posten: »Korruption? Ploog lügt über seine Vergangenheit«. »Ploog hat Tiermissbrauch im College unterstützt!«. »Chat Nachricht durchgesickert: »Ich #$*%& HASSE BÄREN«. Die Sache kommt in Schwung, vor allem nachdem King Soda 20.000 Follower für seine Seite kauft und Bots einsetzt – bald berichten auch seriöse Nachrichtenquellen über »Gerüchte« im Zusammenhang mit dem Kandidaten. Und als die Bots Gerüchte streuen, die Stadtverwaltung von Harmony Square wolle im Zusammenhang mit der Bärensache Kriegsrecht verhängen, kommt die Sache so richtig ins Rollen. Als ein seriöser Nachrichtensender *Harmony News* beschuldigt, Fake News zu verbreiten, kontert King Soda mit Angriffen auf den Top-Moderator der Sendung, Ronald Bordeaux: »Heuchler: Ronald Bordeaux' TV-Quoten sind massiv aufgebläht!« Die Krone setzt King Soda dem Ganzen auf, als er einfach noch einen neuen, fiktiven digitalen Charakter ins Leben ruft, den er dann auf seine eigene Homepage hetzt, um die Debatte noch ein wenig zu befeuern. In Harmony Square brennt die Luft.

Zeit für ein Geständnis: Harmony Square ist zwar ein fiktiver Ort, aber Bay King Soda ist kein fiktiver Charakter, es handelt sich um einen der Autoren dieses Buches. *Harmony Square* ist ein Computerspiel, das Forscher der Universität Cambridge aufgesetzt haben, um Menschen nahezubringen, wie Fake News funktionieren.[182] Man nimmt dort einen fiktiven Charakter an, der sich ungestraft in einer digitalen Welt als Troll austoben, Lügen, Propaganda und Hass säen kann und mit Followern, Chaos und Zwietracht belohnt wird. Immerhin: Bay King Soda bringt es zum Schluss auf 60.000 Follower, das ist – wie das Programm verrät – besser als 96 Prozent aller anderen Teilnehmer, die das Spiel gespielt haben. Ob das Rückschlüsse auf die Persönlichkeit des betreffenden Autors zulässt?

Spiele wie *Harmony Square* gibt es mittlerweile einige: In *Cat Park* geht es um einen geplanten Park für Katzen, den man als Troll verhindern soll,[183] in *Lizards and Lies* kann man eine Lehre zum Verschwörungstheoretiker, Plattformmoderator, Medienerzieher oder Chaosstifter durchlaufen,[184] in *Not for Broadcast* hat man als Fernsehproduzent die Aufgabe, in einem autoritären Staat das Programm des Staatssenders zu gestalten.[185] Die Idee hinter diesen Spielen entspricht derjenigen einer Impfung: Man soll gegen Fake News immun werden, indem man sich mit diesen einmal aktiv beschäftigt. In *Harmony Square* kann man selbst erleben und lernen, wie man Emotionen schürt, wie man Nachrichten viral werden lässt und sich gegen Kritik immunisieren kann. Wer das einmal selbst gemacht hat, so die Idee, durchschaut anschließend leichter, wenn er durch Bots, Fake-Profile und falsche Nachrichten aufs Glatteis geführt werden soll.

Während Faktenchecker versuchen, Fake News zu enttarnen – also das tun, was man im Fachjargon »Debunking« nennt –, geht es bei der Medienerziehung um »Prebunking«, also darum, die Hörer, Leser, Zuschauer und Follower für die Wahrnehmung von Fake News zu sensibilisieren, sie gegen das Gift der Manipulation und Falschmeldung zu immunisieren. Der Internet-Riese Google kündigte 2023 an, in Deutschland eine Videokampagne nach der Prebunking-Methode zu starten, in der kurze Videos die gängigen Manipulationstechniken erklären. Bereits 2022 wurden solche Prebunking-Videos in Polen, Tschechien und der Slowakei eingesetzt.[186]

Es gibt bereits wissenschaftliche Hinweise darauf, dass eine »Impfung« gegen Fake News funktionieren kann: Forscher der Universität Cambridge – die Schöpfer von *Harmony Square* – stellen fest, dass Versuchspersonen nach dem Spiel in der Tat eine psychologische Resistenz gegen die üblichen Manipulationstechniken aufbauen. Spieler aus aller Welt finden Social-Media-Inhalte, die diese Techniken nutzen, nach dem Spiel deutlich weniger zuverlässig, und sie geben an, dass sie beim Teilen von Inhalten vorsichtiger geworden sind.[187] Etliche Studien bestätigen, dass solche Spiele einen Effekt haben – die Spieler werden kritischer bezüglich der Nachrichten, die auf sie einprasseln, und sind tendenziell besser in der Lage, Fake News als solche zu identifizieren.[188] Auch Deutschland hat die Macht des Spielerischen entdeckt. Bei der Landeszentrale für politische Bildung NRW beispielsweise kann man in fiktiven Chats einer Sensationsgeschichte nachjagen (ein Mobiltelefon, das giftige Dämpfe absondert) und sich einen Anpfiff vom Chef einfangen, weil man einen Artikel auf Basis anonymer Internet-Kommentare geschrieben hat.[189] Auch *Fake it to make it* kann man auf Deutsch spielen und dort zum (virtuellen) Verbreiter von Fake News werden,[190] bei *Bad News* muss man möglichst viele Follower gewinnen.[191]

6
Zum Abschluss: Informationelle Selbstverteidigung

Vom griechischen Dichter Äsop stammt die Fabel vom Ochsentreiber und Herkules: Als ein Ochsentreiber mit einem Wagen, der schwer mit Holz beladen war, im Morast steckenblieb, flehte er die Götter um Hilfe an, anstatt sich selbst zu bemühen. Da erschien der von ihm ebenfalls angeflehte Herkules und warf ihm seine Untätigkeit vor: »Lege die Hände an die Räder und treibe mit der Peitsche dein Gespann an, zu den Göttern flehe jedoch erst dann, wenn Du selbst etwas getan hast; sonst wirst Du sie vergeblich anrufen.«[192] Die Botschaft dieser Fabel ist einfach und hat viele Varianten: Hilf Dir selbst, dann hilft Dir Gott; hilf Dir selbst, sonst tut es keiner; den Mutigen steht Fortuna hilfreich zur Seite; dem Mutigen hilft Gott; hilf Dir selbst, dann hilft Dir der Himmel.

Eine gute Einstellung: Statt sich den Mächten des Schicksals blind auszuliefern, nimmt man sein Schicksal in die eigenen Hände. Warum sollte das nicht auch für unseren Umgang mit Informationen gelten? Anstatt also an der Flut der – teils falschen, teils richtigen – Informationen zu verzweifeln, mit den Schultern zu zucken und nichts zu tun, nehmen wir unsere Informationsversorgung in die eigenen Hände.

Wir haben Ihnen in diesem Buch bereits einige Tipps gegeben, wie man mit Informationen umgeht, wie man richtige von falschen Informationen unterscheidet und wie man gute Informationen findet. Jetzt, zum Abschluss dieses Buches, wollen wir Ihnen eine einfache Methode vorstellen, mit deren Hilfe man rasch und unkompliziert einschätzen kann, wie glaubhaft eine Nachricht, ein Bericht oder eine Information ist. Es ist ein einfacher Algorithmus, also etwas, was Sie bereits in Kapitel 3 kennengelernt haben. Ein Algorithmus ist eine einfache, standardisierte Handlungsanweisung, die man stur auf ein Problem anwendet. Er besteht aus vier Schritten, und wir wollen ihn nach den Anfangsbuchstaben den SPUK-Algorithmus nennen. Lassen Sie uns die vier Schritte durchgehen: *Stil, Plausibilität, Urheber und Kontext* – SPUK eben.

Schritt eins: Stil
Manche Fake-News erkennt man bereits am Stil. Der einfachste Hinweis ist das Ausrufezeichen: Wenn Sie einen Text mit Ausrufezeichen sehen – ignorieren Sie ihn. Ein Ausrufezeichen ist der sicherste Hinweis auf einen Text, der emotional aufbereitet ist oder zumindest Emotionen schüren soll, also kein Text, der neutrale und unabhängige Informationen enthält. Ähnliches gilt für Videos, in denen laut gesprochen oder gar geschrien wird; diese können Sie ebenfalls sofort entsorgen. Eine Frage des Stils ist es auch, andere Menschen nicht zu beschimpfen – egal, ob es Politiker (welcher Couleur auch immer), grüne Weltverbesserer, gelbe Versager oder schwarze Kapitalisten sind. Wer so etwas schreibt oder sagt, sollte ignoriert werden. Enthält die Quelle zudem Rechtschreibfehler und reißerische Bilder, ist das ebenfalls ein Hinweis darauf, dass sie nicht sonderlich seriös ist. Weg damit.

Schritt zwei: Plausibilität
Manche Fake News kann man mit einem einfachen Plausibilitätscheck entlarven. Erste Frage: Passt die betreffende Information zu dem, was ich weiß? Falls ja, gehen Sie zum nächsten Schritt, dem »U« – fragen Sie nach dem Urheber. Passt das, was Sie da als Nachricht serviert bekommen, dagegen nicht zu dem, was Sie sicher wissen (nicht, was Sie glauben zu wissen oder meinen), schließen sich weitere Fragen an:

- Passt es zumindest zu dem, was Sie vermuten?
- Ist es plausibel?
- Finden Sie die Zahlen und Fakten, die genannt werden, auch in anderen Quellen?
- Falls Studien genannt werden, kann man die Originalstudien finden?
- Stammen diese Studien aus seriösen Fachzeitschriften?

Bisweilen reicht aber auch schon das Bauchgefühl: Hört sich eine Meldung zu schief an, dann ist sie es vermutlich auch. Darüber hinaus werden Ihnen sicher noch weitere Möglichkeiten einfallen, wie Sie weitere seriöse Informationen finden können. Aber Vorsicht: Auch hier lauern wieder die Gefahren von Echokammern und Filterblasen. Daher gilt wie immer: Bleiben Sie skeptisch und trau' schau' wem.

Stellen Sie sich auch eine weitere Frage: Ist es möglich, dass ich mich selbst täusche, dass ich der Nachricht Glauben schenken will, weil sie in mein Weltbild passt? Dann muss man sie besonders hinterfragen. Versuchen Sie bewusst, Gegenargumente zu generieren, warum diese Nachricht falsch sein könnte. Zu guter Letzt sollten Sie sich fragen, wie es die alten Römer schon taten: *Cui bono*, wer profitiert davon? Wem nützt diese Nachricht, wenn sie falsch ist?

Die vermutlich größte Gefahr, Fake News auf den Leim zu gehen, scheint die Selbsttäuschung zu sein. Wir versuchen stets zu vermeiden, zwei widersprüchliche Gedanken gleichzeitig im Kopf zu haben (man spricht von kognitiver Dissonanz). Das funktioniert, indem wir uns selbst belügen. Wir wissen, dass bestimmte Viren uns sehr krank machen können, verleugnen dennoch die Existenz und Gefährlichkeit beispielsweise des Coronavirus – weil wir die Konsequenzen nicht wahrhaben wollen: Wir sollten Mund-Nasen-Schutzmasken tragen, um uns selbst und andere zu schützen, wir sollten unsere sozialen Kontakte einschränken. Das ist unangenehm, schränkt uns ein, macht uns Angst – also leugnen wir wider besseres Wissen Corona. Die Gefahr der Selbsttäuschung ist umso größer und gefährlicher, je größer die Gruppen »sich selbst Täuschender« sind. Also bleiben Sie kritisch, auch sich selbst gegenüber.

Schritt drei: Urheber
Im Schritt U gilt es, den Urheber zu hinterfragen: Wer hat diese Nachricht in Umlauf gesetzt? Ist es irgendein Account von einer sozialen Plattform? Dann schauen Sie sich diesen Account an, oft erkennt man Fake-Accounts bereits, wenn man sie sich anschaut: wenige Posts oder viele (oft kopierte) Posts zu wenigen (oft politischen) Themen, keine privaten Posts (über Freunde, Essen, Urlaub). Ein echter Account auf einer sozialen Plattform wächst mit der Zeit organisch und zeigt ein Bild, das sich nur mit viel Aufwand fälschen lässt. Verfolgen Sie dann die Nachricht zurück zu ihrem Urheber – ist es eine bekannte, renommierte, verlässliche Quelle, die Sie kennen? Hat sie ein Impressum? Falls nein, Finger weg. Im nächsten Schritt prüfen Sie, ob auch andere, seriöse Medien diese Nachricht verbreiten. Falls nicht, handelt es sich vermutlich um einen Fake.

> **Elektronische Helfer.** Das Internet stellt Ihnen Werkzeuge zur Überprüfung von Bildern und Videos zur Verfügung: Mit Bildsuchmaschinen wie der Google Bildersuche, *Yandex* (yandex.com) oder *TinEye* (tineye.com) können Sie nach der Herkunft von Bildern fahnden; Software wie *Fotoforensics* zeigt Ihnen Metadaten zu den Bildern und nachträglich bearbeitete Ausschnitte im Bild. Internetseiten wie *YouTube Large* (ytlarge.com) zeigen Ihnen die wichtigsten Daten zu YouTube-Videos, beispielsweise das Datum der Erstellung und ob das Video monetisiert ist, also ob man damit Anzeigengelder einsammelt. Wird Ihnen ein Video als Neuigkeit verkauft, das schon vor zwei Jahren hochgeladen wurde, ist es ein Fake. Ein schönes Werkzeug ist auch die Seite *ReviewMeta* (reviewmeta.com), mit deren Hilfe Sie Bewertungen bei Amazon durchleuchten können.

Schritt vier: Kontext
Bisweilen leben Fake News davon, Halbwahrheiten zu nutzen, um ein stimmiges Bild zu erzeugen; erst die Vermischung von Wahrheit und Lüge macht eine Lüge glaubhaft. Versuchen Sie daher, die Nachricht in einen allgemeinen Kontext einzuordnen (im Gegensatz zur Plausibilitätsprüfung – ist ein Fakt nachvollziehbar und stimmig, geht es hier darum, ob dieser Fakt in das allgemeine Umfeld passt). Hier ein Beispiel: Die Regionalbanken der amerikanischen Notenbank sind tatsächlich im Besitz privater Banken – das ist juristisch gesehen richtig und lässt sich auch recherchieren. Aber ist es im Kontext der Geldpolitik der amerikanischen Notenbank glaubhaft, dass private Banken die Geldpolitik der USA bestimmen? Würden Politiker sich dieses machtvolle Instrument aus den Händen nehmen lassen? Und würden das andere Medien nicht erwähnen, kritisieren, darüber berichten? Sind alle Journalisten des Landes so dumm, dass sie das nicht wissen? Stellt man diese Halbwahrheit in einen Kontext, so entlarvt sie sich rasch als (zugegebenermaßen gut gemachte) Propaganda.

Wenn Sie also eine Nachricht oder einem Video begegnen, das Ihnen verdächtig vorkommt, so reichen diese vier Schritte:

1. In welchem Stil ist die Nachricht verfasst?
2. Ist sie plausibel?
3. Wer ist der Urheber?
4. In welchem Kontext steht die Nachricht?

Mit diesen vier einfachen Fragen können Sie bereits eine Menge informationellen Unfug entsorgen. Und sich damit selbst helfen. Bleiben Sie kritisch, auch sich selbst gegenüber.

Anmerkungen

1 Michael Borgers (2020). Geburtsstunde der »Fake News«. Deutschlandfunk Online, URL: https://www.deutschlandfunk.de/der-great-moon-hoax-geburtsstunde-der-fake-news-100.html, und Hanno Beck (2021). Fake News: Hohe Kosten, schwer zu bekämpfen. WISU – Das Wirtschaftsstudium 50 (8/9), S. 894–895. Alle Links in diesem Buch wurden zuletzt am 27.02.2024 geprüft.
2 Berthold Seewald (2016). Ramses II. schrieb mit seiner Niederlage Geschichte. Welt Online, URL: https://www.welt.de/geschichte/article160368935/Ramses-II-schrieb-mit-seiner-Niederlage-Geschichte.html.
3 Doris Marszk (2004). Pharao siegte immer. Welt Online, URL: https://www.welt.de/print-wams/article109139/Pharao-siegte-immer.html.
4 o. V. (2016). Mann will Verschwörungstheorie nachgehen – und stürmt Pizzeria mit Waffe. Spiegel Online, URL: https://www.spiegel.de/panorama/justiz/washington-mann-stuermt-mit-waffe-wegen-pizzagate-eine-pizzeria-a-1124399.html.
5 Vgl. z. B. Chih-Chien Wang (2020). Fake news and related concepts: Definitions and recent research development. Contemporary Management Research 16 (3), S. 145–174 oder Bertin Martins et al. (2018). The digital transformation of news media and the rise of disinformation and fake news. European Commission, JRC Digital Economy Working Paper 2018-02, URL: https://joint-research-centre.ec.europa.eu/document/download/0843265e-f418-4b6e-94f7-61d2ba1cba1e_en?filename=jrc111529.pdf.
6 Vgl. Adriana Garcia (2017). Cristiano Ronaldo Chilean hospital project is ›fake news‹ – Gestifute. ESPN, URL: https://www.espn.com/soccer/story/_/id/37541171/cristiano-ronaldo-chilean-hospital-project-fake-news-gestifute; Colin Millar (2016). Ronaldo hospital fake news. Footbal Espana, URL: https://www.football-espana.net/2017/12/21/ronaldo-hospital-fake-news. Die Quellenlage ist derart uneinheitlich, dass die Verfasser während der Recherche selbst ins Grübeln kamen, was denn nun stimmt.
7 o. V. (2022). Christiano Ronaldo ist außer sich. FAZ Online, URL: https://www.faz.net/aktuell/sport/fussball/cristiano-ronaldo-auf-instagram-veraergert-wegen-wechsel-geruechten-18250300.html.
8 Christian Teevs (2016). Die 350-Millionen-Lüge. Spiegel Online, URL: https://www.spiegel.de/politik/ausland/brexit-faktenchecker-von-infacts-entlarven-die-350-millionen-luege-a-1099198.html.

9	Berthold Busch (2019). Britischer EU-Beitrag im Brexit-Wahlkampf mit einem Trick überhöht ausgewiesen, IW-Kurzbericht 35/2019. Bei Teevs (2016), a. a. O. werden 110 Millionen genannt.
10	Teevs (2016), 350-Millionen-Lüge, a. a. O.
11	Alexander Busch (2022). Digitaler Wahlkampf in Brasilien: Wie die Opposition Fake News von Bolsonaro abwehrt. Handelsblatt Online, URL: https://www.handelsblatt.com/politik/international/suedamerika-digitaler-wahlkampf-in-brasilien-wie-die-opposition-fake-news-von-bolsonaro-abwehrt/28701726.html.
12	Benedikt Schulz (2019). Lügen bestimmen den Wahlkampf. Deutschlandfunk Online, URL: https://www.deutschlandfunkkultur.de/fake-news-in-indien-luegen-bestimmen-den-wahlkampf-100.html.
13	Alexander Sängerlaub, Miriam Meier und Wolf-Dieter Rühl (2018). Fakten statt Fakes. Verursacher, Verbreitungswege und Wirkungen von Fake News im Bundestagswahlkampf 2017. Stiftung Neue Verantwortung, März 2018.
14	o. V. (2013). AP Twitter account hacked in fake ›White House blasts‹ post. BBC Online, URL: https://www.bbc.com/news/world-us-canada-21508660.
15	Kenneth Rapoza (2017). Can ›fake news‹ impact the stock market? Forbes Online, URL: https://www.forbes.com/sites/kenrapoza/2017/02/26/can-fake-news-impact-the-stock-market.
16	o. V. (2023). Bundesbankpräsident sieht Risiko eines Bank-Runs durch soziale Medien. Welt Online, URL: https://www.welt.de/wirtschaft/article246458218/Fake-News-Bundesbankpraesident-sieht-Risiko-eines-Bank-Runs-durch-soziale-Medien.html.
17	Die hier genannten Beispiele – allesamt Fake – finden Sie in einer Zusammenstellung des von der EU im Rahmen von Erasmus+ geförderten Projekts »Fake Off!«: Fake Off (o. D.). Beispiele für Fake News, die für junge Menschen relevant sind. URL: https://www.fake-off.eu/toolbox/contents/Deutsch/BEISPIELE FÜR FAKE NEWS - Druckversion.pdf.
18	Zur Bedeutung von Werbung als Information aus ökonomischer Sicht siehe Phillip Nelson (1974). Advertising as information. Journal of Political Economy 82 (4), S. 729–754; Paul Milgrom und John Roberts (1986). Price and advertising signals of product quality. Journal of Political Economy 94 (4), S. 796–821 sowie Demetrios Vakratsas und Tim Ambler (1999). How advertising works: What do we really know? Journal of Marketing 63 (1), S. 26–43.
19	Harry G. Frankfurt (2006). Bullshit. Suhrkamp: Frankfurt am Main, S. 30 und S. 40.
20	Ebenda, S. 50.
21	Oxford Languages (2016). Word of the year 2016. URL: https://languages.oup.com/word-of-the-year/2016.
22	Steve Tesich (1992). The Watergate syndrome. A government of lies. The Nation vom 06.01.1992, S. 12 ff. Richard Kreitner (2016). Post-truth and

	its consequences: What a 25-year-old essay tells us about the current moment. The Nation, URL: https://www.thenation.com/article/archive/post-truth-and-its-consequences-what-a-25-year-old-essay-tells-us-about-the-current-moment.
23	Zit. nach Rebecca Sinderbrand (2017). How Kellyanne Conway ushered in the era of ›alternative facts‹. Washington Post Online, URL: https://www.washingtonpost.com/news/the-fix/wp/2017/01/22/how-kellyanne-conway-ushered-in-the-era-of-alternative-facts (Übersetzung d. Verf.).
24	Zit. nach David Barstow (2016). Donald Trump's deals rely on being creative with the truth. New York Times Online, URL: https://www.nytimes.com/2016/07/17/us/politics/donald-trump-business.html (Übersetzung d. Verf.).
25	Ebenda.
26	Zit. nach Michael Hanfeld (2019). Preis-Jury über Relotius: Erschüttert und wütend. FAZ Online, URL: https://www.faz.net/aktuell/feuilleton/medien/preis-jury-ueber-relotius-erschuettert-und-wuetend-16010915.html.
27	Ebenda.
28	Einen Überblick über die Artikel, die im Spiegel erschienen sind, finden Sie hier: o. V. (2019). Der Fall Relotius: Welche Texte gefälscht sind – und welche nicht. Spiegel Online, URL: https://www.spiegel.de/kultur/gesellschaft/der-fall-claas-relotius-welche-texte-gefaelscht-sind-und-welche-nicht-a-1249747.html.
29	o. V. (2021). Relotius bricht sein Schweigen:»Bezug zur Realität verloren«. Morgenpost Online, URL: https://www.morgenpost.de/vermischtes/article232429229/spiegel-relotius-reportagen-fake.html.
30	Siehe etwa Tobias Eberwein (2006). Literary Journalism. Deutsches Journalistenkolleg, URL: https://www.journalistenkolleg.de/documents/10157/161315/Literary+Journalism.pdf/565bfa0d-3c57-4022-b601-d5ac3e709fe0; Itzhak Roeh (1989). Journalism as storytelling, coverage as narrative. American Behavioral Scientist 33 (2), S. 162–168 und Patrick Weber (2016). Narrative Journalism. Deutsches Journalistenkolleg, URL: https://www.journalistenkolleg.de/documents/10157/161315/Narrative+Journalism.pdf/8b330d5b-2892-4a3c-8375-3a823c9a0f11.
31	o. V. (2011). Wie gewonnen, so zerronnen. Tageszeitung Online, URL: https://taz.de/Henri-Nannen-Preis-aberkannt/!5121012.
32	o. V. (2010). In eigener Sache: Unverständnis über Aberkennung des Egon-Erwin-Kisch-Preises. Spiegel Online, URL: https://www.spiegel.de/kultur/gesellschaft/in-eigener-sache-unverstaendnis-ueber-aberkennung-des-egon-erwin-kisch-preises-a-761579.html.
33	Zit. nach Hanfeld (2019), Preis-Jury über Relotius, a. a. O.
34	Susanne Beyer, Simon Book und Thomas Schulz (2022). Auf die sanftere Tour. Der Spiegel, Nr. 1 vom 30.12.2022, S. 10–17.
35	Für die Profis: Abgesehen davon, dass Rezession (also kurzfristige Prozesse, Konjunktur) und Wachstum (langfristige wirtschaftliche Entwicklung) in

einem Topf geworfen werden, spricht der Artikel davon, dass »eine Spirale aus Dauerrezession oder Depression« entstehe, wenn kein Wachstum vorliegt (ebenda, S. 14). Das ist keine Auffassung der ökonomischen Klassik aus dem 18. Jahrhundert, wie der *Spiegel* postuliert, sondern eher – wenn überhaupt – eine keynesianische Theorie aus den dreißiger Jahren des 20. Jahrhunderts.

36 https://www.juracademy.de/grundrechte/meinungsfreiheit-schutzbereich.html; das Zitat im Zitat: BVerfGE 61, 1 (8).
37 https://www.juracademy.de/grundrechte/meinungsfreiheit-schutzbereich.html.
38 Siehe dazu ausführlicher ebenda.
39 o. V. (2019). Karussellautos sind jetzt tabu. Neue Osnabrücker Zeitung vom 01.01.2019.
40 Marc Röhling (2019). Nein, Osnabrück hat keine Karussell-Autos wegen ihrer »Klimaschädlichkeit« verboten. Spiegel Online, URL: https://www.spiegel.de/netzwelt/web/osnabrueck-hat-keine-karussell-autos-wegen-ihrer-klimaschaedlichkeit-verboten-a-d877033b-dd17-4530-b877-c6cb11d9ec4e. Im Februar 2023 fordert die Tierschutzorganisation Peta ein Ende der Nutzung von Tier-Figuren bei Karussellen. Vgl. Dittrich, Robin (2024). Stattdessen skurrile Designs? PETA fordert Aus für Karussell-Tiere. Frankfurter Rundschau Online, URL: https://www.fr.de/panorama/fahrgeschaefte-peta-aus-karussell-tiere-brief-hersteller-92825937.html. Hier zeigt sich, wie schwierig es bisweilen ist, zwischen Satire und Realität zu unterscheiden.
41 o. V. (2023). Inflationsanpassung: Vienna City Marathon heuer um 4,2 Kilometer länger. Die Tagespresse, URL: https://dietagespresse.com/inflationsanpassung-vienna-city-marathon-heuer-um-42-kilometer-laenger.
42 o. V. (2023). Zu teuer und ineffizient: Regierung stellt umstrittenes Chemtrail-Programm ein. Der Postillon, URL: https://www.der-postillon.com/2015/03/zu-teuer-und-ineffizient-regierung.html.
43 Alan Sokal (1996). Transgressing the boundaries: Towards a transformative hermeneutics of quantum gravity. Social Text 46/47, S. 217–252, URL: https://physics.nyu.edu/faculty/sokal/transgress_v2/transgress_v2_singlefile.html.
44 Social Text (o. D.). About the Journal. Social Text, URL: https://read.dukeupress.edu/social-text.
45 Alan Sokal (1996). A physicist experiments with cultural studies. Lingua Franca, May/June 1996, S. 62–64. Eine deutsche Übersetzung finden Sie hier: Alan Sokal (1997). Experimente eines Physikers mit den Kulturwissenschaften. Übersetzt von Hans-Joachim Niemann. Sic et Non, April 1997, URL: https://www.researchgate.net/publication/342918177.
46 Hier können Sie selbst sinnlose, aber wohlklingende postmoderne Texte generieren, indem Sie den Postmodernism Generator nutzen: https://www.elsewhere.org/pomo. Im Zuge der Recherchen für dieses Buch ent-

stand so der Text »Dialectic subcultural theory and dialectic theory«, der mit einem verheißungsvollen Satz beginnt: »Wenn man die dialektische Theorie untersucht, steht man vor der Wahl: entweder den semantischen Diskurs zu akzeptieren oder zu folgern, dass die Bedeutung des Teilnehmers dekonstruiert ist, wenn man voraussetzt, dass die dialektische subkulturelle Theorie ungültig ist.« (Übersetzung d. Verf.) Denken Sie mal drüber nach.

47 Helen Wilson (Pseudonym) (2018). Human reactions to rape culture and queer performativity at urban dog parks in Portland, Oregon. Gender, Place and Culture 25, S. 1–20 (mittlerweile von der Redaktion zurückgezogen). Vgl. auch im Folgenden Yascha Mounk (2018). What an audacious hoax reveals about academia. The Atlantic, URL: https://www.theatlantic.com/ideas/archive/2018/10/new-sokal-hoax/572212 und Judith Sevinç Basad (2019). »Sokal Squared«: Wie ideologisch tickt die Uni? NZZ Online, URL: https://www.nzz.ch/feuilleton/sokal-squared-wie-ideologisch-tickt-die-uni-ld.1519244.

48 Ingrid Brodnig (2016). »Da stinkt was«: Wie Verschwörungstheorien entstehen. Profil Online, URL: https://www.profil.at/oesterreich/wie-verschwoerungstheorien-entstehen-euronews-video-7806493.

49 Euronews (2016). Das war Zwischenstand 17 Uhr. Twitter, URL: https://twitter.com/euronewsde/status/805783519305887744.

50 Julia Neumann (2014). Im Kampf gegen die Medien-Mafia. Die Tageszeitung Online, URL: https://taz.de/Neurechte-Friedensbewegung/!5044069.

51 BuzzfeedVideo (2018). You won't believe what Obama says in this video! YouTube, URL: https://www.youtube.com/watch?v=cQ54GDm1eL0.

52 Christian Schiffer (2018). Dieses Obama-Video erschreckt gerade das Internet. BR24, URL: https://www.br.de/nachrichten/netzwelt/dieses-obama-video-erschreckt-gerade-das-internet,Qpfp89E.

53 Reporter (2021). Julia Beautx im Deepfake Porno: Wir konfrontieren den Produzenten. Youtube, URL: https://www.youtube.com/watch?v=ocrh6Fl554Q.

54 Z. B. finden Sie hier einen Überblick: o. V. (2022). 12 best deepfake apps and websites you can try for fun. Beebom, URL: https://beebom.com/best-deepfake-apps-websites.

55 Diese Geschichte erzählt Tim Harford (2010). The logic of life. The rational economics of an irrational world. Random House: Abacus, S. 21.

56 Gary S. Becker (1968). Crime and punishment: An economic approach. Journal of Political Economy 76 (2), S. 169–217. Siehe auch Harald Kunz (1993). Kriminalität. In: Bernd-Thomas Ramb und Manfred Tietzel (Hrsg.), Ökonomische Verhaltenstheorie. Vahlen: München, S. 181–206 sowie Roland Kirstein (2004). Ökonomik der Kriminalität. CSLE Discussion Paper, No. 2004-06, URL: https://www.econstor.eu/bitstream/10419/23047/1/2004-06_krimi.pdf.

57	Siehe für die folgenden Ausführungen auch Nir Kshetri und Jeffrey Voas (2017). The Economics of »Fake News«. IEEE IT Professional 19 (6), S. 8–12.
58	Ein einfaches Beispiel: Sie gewinnen beim Würfeln einen Euro, wenn Sie eine Sechs würfeln. In einem von sechs Versuchen kommt das statistisch gesehen vor. Anders gesagt: Die Wahrscheinlichkeit, mit der das Ereignis »Sechs« eintritt, ist ein Sechstel. Wenn Sie nun sechsmal würfeln, würden Sie statistisch gesehen dabei einmal gewinnen. Der Erwartungswert eines einzelnen Wurfs wäre also ein Euro mal einem Sechstel Eintrittswahrscheinlichkeit, also aufgerundet 16,7 Cent.
59	Siehe dazu die Beispiele für die US-Wahl 2016 bei Kshetri und Voas (2017), The Economics of »Fake News«, a. a. O.
60	Vgl. dazu ebenda.
61	Zu dieser Unterscheidung siehe Martin Kolmar (2021). Risiko, Unsicherheit und Ungewissheit. In: Ludger Heidbrink, Alexander Lorch und Verena Rauen (Hrsg.), Praktische Wirtschaftsphilosophie. Springer VS: Wiesbaden, S. 123–146, DOI: 10.1007/978-3-658-22141-6_21-2.
62	o. V. (2022). Wie Käufer von Gebrauchtwagen ihr Risiko begrenzen. Stiftung Warentest Online, URL: https://www.test.de/Tachomanipulation-Gebrauchtwagen-Tachobetrug-5271655-0.
63	George A. Akerlof (1970). The market for »lemons«: Quality uncertainty and the market mechanism. Quarterly Journal of Economics 84 (3), S. 488–500. Akerlof erhielt später dafür zusammen mit Michael Spence und Joseph Stiglitz 2001 den Wirtschaftsnobelpreis.
64	Siehe z. B. Klaus Peter Kaas und Anina Busch (1996). Inspektions-, Erfahrungs- und Vertrauensguteigenschaften von Produkten. Theoretische Konzeption und empirische Validierung. Marketing – Zeitschrift für Forschung und Praxis 18 (4), S. 243–252.
65	Michael R. Darby und Edi Karni (1973). Free competition and the optimal amount of fraud. Journal of Law and Economics 16 (1), S. 67–88.
66	Neil D. Weinstein (1980). Unrealistic optimism about future life events. Journal of Personality and Social Psychology 39 (5), S. 806–820.
67	Siehe dazu Georg Franck (1998). Ökonomie der Aufmerksamkeit. Hanser: München, insbesondere zweites Kapitel: »Aufmerksamkeit: Die neue Währung?«, S. 49 ff.
68	Samuel M. McClure et al. (2004). Separate neural systems value immediate and delayed monetary rewards. Science 306 (5695), S. 503–507, hier S. 504. Allerdings ist diese Sichtweise wissenschaftlich nicht unumstritten; siehe dazu beispielsweise Magda Osman (2004). An evaluation of dual-process theories of reasoning. Psychonomic Bulletin and Review 11 (6), S. 988–1010; Gideon Keren und Yaacov Schul (2009). Two is not always better than one: A critical evaluation of two-system theories. Perspectives on Psychological Science 4 (6), S. 533–550, sowie Arie W. Kruglanski und

	Gerd Gigerenzer (2011). Intuitive and deliberate judgements are based on common principles. Psychological Review 118 (1), S. 97–109.
69	So auch die Überschrift eines Berichts über eine wissenschaftliche Tagung zu »Medienlogik und Medienrealität«: Carl-Josef Kutzbach (2011). Schlechte Nachrichten sind gute Nachrichten. Deutschlandfunk Online, URL: https://www.deutschlandfunk.de/schlechte-nachrichten-sind-gute-nachrichten-100.html.
70	Matthew Price et al. (2022). Doomscrolling during COVID-19: The negative association between daily social and traditional media consumption and mental health symptoms during the COVID-19 pandemic. Psychological Trauma 14 (8), S. 1338–1346. DOI: 10.1037/tra0001202.
71	Z. B. Simon König (2019). Storytelling Marketing: Die Macht der Geschichten. Independent: o. O.; Michael Moesslang (2021). Facts tell, storys sell: Mit Storytelling wirkungsvoll präsentieren, überzeugen und verkaufen. Remote: Tallinn.
72	Z. B. Herbert Flath (2013). Storytelling im Journalismus. Dissertation TU Ilmenau, URL: https://www.db-thueringen.de/servlets/MCRFileNodeServlet/dbt_derivate_00027890/ilm1-2013000242.pdf.
73	Die folgende Analyse basiert auf einer Untersuchung des Brexit-Referendums von Sara B. Hobolt, Thomas J. Leeper und James Tilley (2021). Divided by the vote: Affective polarization in the wake of the Brexit referendum. British Journal of Political Science 51 (4), S. 1476–1493.
74	Friedrich Nietzsche (1882). Die fröhliche Wissenschaft. Fünftes Buch. Wir Furchtlosen.
75	Das Akronym TINA bedeutet: *there is no alternative*, auf Deutsch: »alternativlos«. Das Wort war 2010 das »Unwort des Jahres« der Gesellschaft für deutsche Sprache.
76	Friedrich Nietzsche (1886). Menschliches, Allzumenschliches. 2. Aufl., Zweiter Band. Zweite Abteilung: Der Wanderer und sein Schatten.
77	Siehe dazu beispielsweise Gregory L. Bovitz, James N. Druckman und Arthur Lupia (2002). When can a news organization lead public opinion? Ideology versus market forces in decisions to make news. Public Choice 113, S. 127–152; David P. Barton (2006). Persistent media bias. Journal of Public Economics 90 (1–2), S. 1–36 sowie Matthew Gentzkow und Jesse M. Shapiro (2006). Media bias and reputation. Journal of Political Economy 114 (2), S. 280–316.
78	Allerdings konnte nicht nachgewiesen werden, dass dieses Zitat tatsächlich von Bismarck stammt. Vgl. dazu Ulf Morgenstern (2016). Würste und Gesetze. Otto-von-Bismarck-Stiftung, URL: https://www.bismarck-stiftung.de/2016/03/15/wuerste-und-gesetze.
79	Vgl. auch im folgenden Holger Bonus (1981). The political party as a firm. Zeitschrift für die gesamte Staatswissenschaft 137 (4), S. 710–716.
80	Umberto Eco (1989). Das Foucaultsche Pendel. Hanser: München, zit. nach Dietmar Kamper (1993). Stupidität. Über politische Dummheit heute.

	In: Peter Kemper (Hrsg.), Opfer der Macht. Müssen Politiker ehrlich sein?, Insel: Frankfurt am Main/Leipzig, S. 112–124, hier S. 121.
81	Claus Offe (1993). Falsche Antworten, verlogene Fragen. In: Kemper (Hrsg.), Opfer der Macht, a. a. O., S. 125–138, hier S. 126.
82	Ebenda, S. 131.
83	Niklas Luhmann (1993). Die Ehrlichkeit der Politiker und die höhere Amoralität der Politik. In: Kemper (Hrsg.), Opfer der Macht, a. a. O., S. 27–41, hier S. 27.
84	Norbert Bolz (1993). Politik als ob oder Die Lizenz zu lügen. In: Kemper (Hrsg.), Opfer der Macht, a. a. O., S. 58–70, hier S. 58.
85	Friedrich Nietzsche (2022 [1906]). Der Wille zur Macht. Vollständige Neuausgabe. LIWI: Göttingen, S. 96, Abschnitt 142.
86	Vgl. Deutscher Bundestag (2022). Geschichte. Vor 25 Jahren: Bundestag verabschiedet Rentenreformgesetz. URL: https://www.bundestag.de/dokumente/textarchiv/2022/kw41-rente-kalenderblatt-209618. Über diese Internetadresse finden Sie die Rede zur Rentenreform 1997 von Norbert Blüm (ab Minute 22:30).
87	Vgl. dazu Francesco Caselli und Massimo Morelli (2004). Bad politicians. Journal of Public Economics 88 (3–4), S. 759–782, DOI: 10.1016/S0047-2727(03)00023-9.
88	Siehe dazu Markus Wehner (2013). Deutsche Spitzenpolitiker verschleiern ihre Studienabbrüche. FAZ vom 26.05.2013, URL: https://www.faz.net/aktuell/politik/inland/deutsche-spitzenpolitiker-als-studienabbrecher-oder-ohne-ausbildung-12194627.html.
89	Vgl. Caselli und Morelli (2004), Bad politicians, a. a. O., S. 760.
90	Siehe dazu Michael L. Davis und Michael Ferrantino (1996). Towards a positive theory of political rhetoric: Why do politicians lie? Public Choice 88 (1/2), S. 1–13.
91	Dies wird im Englischen als *rational ignorance* bezeichnet. Bryan Caplan geht noch einen Schritt weiter und bezeichnet das Wählerverhalten als *rational irrationality*, also als »rationale Irrationalität«, da im Bereich des Politischen infolge der Bedeutungslosigkeit einer Stimme irrationales Wählerverhalten für die Wähler kostenlos ist; vgl. Bryan Caplan (2001). Rational irrationality and the microfoundations of political failure. Public Choice 107 (3/4), S. 311–331.
92	Siehe dazu auch im Folgenden Tyler Cowen (2005). Self-deception as the root of political failure. Public Choice 124 (3/4), S. 437–451.
93	Vgl. ebenda.
94	Vgl. Davis und Ferrantino (1996), Towards a positive theory of political rhetoric, a. a. O., S. 3 f.
95	Das Bundesverfassungsgericht hatte die Beschwerde des Betroffenen nicht zur Entscheidung angenommen. Damit war sie rechtskräftig; siehe 1 BvR 3353/13 vom 13. September 2014.

96	Siehe dazu das Urteil im Internet unter der URL: https://assets.tobaccofreekids.org/content/what_we_do/industry_watch/doj/FinalOpinion.pdf, Zitat: S. 1 (Übersetzung d. Verf.).
97	Vgl. Thilo Grüning, Anna B. Gillmore und Martin McKee (2006). Tobacco industry influence on science and scientists in Germany. American Journal of Public Health 96 (1), S. 20–32, hier Box 1, S. 23.
98	Siehe Alison Abritis und Alison McCook (2017). Cash bonuses for peer-reviewed papers go global. Science 357 (6351), S. 541.
99	Siehe dazu im Detail Jevin D. West und Carl T. Bergstrom (2021). Misinformation in and about science. PNAS 118 (15), URL: https://www.pnas.org/doi/10.1073/pnas.1912444117.
100	Diese Krise hat so viel Aufmerksamkeit erregt, dass es dazu eine eigene Wikipedia-Seite gibt: https://de.wikipedia.org/wiki/Replikationskrise.
101	Diese »Fachzeitschriften« werden im Wissenschaftsjargon *predatory journals* genannt. Sie garantieren gegen entsprechende Zahlungen eine schnelle *open access*-Publikation der Beiträge, was für große Reichweite sorgen soll. Sie sind schnell, weil sie keine Qualitätskontrolle (in einem sogenannten Review-Verfahren mit externen Fachwissenschaftlern) durchführen, wie sie bei qualitativ hochwertigen Journals üblich sind. Siehe dazu beispielsweise Cenyu Shen und Bo-Christer Björk (2015). Predatory open access: A longitudinal study of article volumes and market characteristics. BMC Medicine 13, Art.-Nr. 230; Derek Pyne (2017). The rewards of predatory publications at a small business school. Journal of Scholarly Publishing 48 (3), S. 137–160; Jeffrey Beall (2016). Medical publishing and the threat of predatory journals. International Journal of Women's Dermatology 2 (4), S. 115–116.
102	Statista (2023a). Bevölkerung in Deutschland nach beruflichem Fachgebiet im Jahr 2022. URL: https://de.statista.com/statistik/daten/studie/171254/umfrage/taetigkeitsfeld-im-beruf.
103	Statista (2023b). Anzahl der festangestellten Journalisten in deutschen Medienunternehmen im Jahr 2019. URL: https://de.statista.com/statistik/daten/studie/417820/umfrage/journalisten-in-deutschen-medienunternehmen.
104	Statista (2023c). Ranking der meistzitierten nationalen und internationalen Medien in Deutschland nach der Anzahl der Zitate von Januar bis Dezember 2022. URL: https://de.statista.com/statistik/daten/studie/169706/umfrage/die-meistzitierten-medien-in-deutschland.
105	Statista (2023d). Industrie & Märkte: Journalismus, S. 13. URL: https://de.statista.com/statistik/studie/id/7237/dokument/journalismus-statista-dossier.
106	Ebenda, S. 15.
107	Statista Research Department (2010). Parteipräferenzen von Politikjournalisten in Deutschland. URL: https://de.statista.com/statistik/daten/studie/163740/umfrage/parteipraeferenz-von-politikjournalisten-in-deutschland.

108	Vgl. Thomas E. Patterson und Wolfgang Donsbach (2010). News decisions: Journalists as partisan actors. Political Communication 13 (4), S. 455–468.
109	Wahl zum 17. Deutschen Bundestag am 27. September 2009. URL: https://www.bundeswahlleiter.de/bundestagswahlen/2009.html.
110	Vgl. Deutsche Journalisten Akademie (o. D.). Stichwort »Investigativer Journalismus«. Journalismus-Lexikon, URL: https://deutschejournalistenakademie.de/journalismus-lexikon/investigativerjournalismus.
111	Matthew Loh (2023). Das sind Nordkoreas Youtuber, die angeln, Eis essen und von »Harry Potter« schwärmen, um die Propagandamaschine von Kim Jong-un anzuheizen. Business Insider, URL: https://www.businessinsider.de/wirtschaft/international-business/das-sind-nordkoreasyoutuber-die-angeln-eis-essen-und-von-harry-potter-schwaermen-um-diepropagandamaschine-von-kim-jong-un-anzuheizen.
112	Siehe dazu und dem Folgenden die *Socialmediapiraten*, URL: https://socialmediapiraten.de/wie-viel-geld-verdienen-influencer-innen. Alle folgenden Angaben in diesem Abschnitt basieren auf dieser Quelle und sind nur als unverbindliche Anhaltspunkte anzusehen, für die es keine Garantie gibt. Generell gilt, dass die Einnahmen pro Post mit der Follower-Zahl stark ansteigen.
113	Lisa Goldner und Lea Minge (2023). Die 30 erfolgreichsten Influencer 2023: Diese Personen solltest Du kennen. URL: https://www.gruender.de/online-marketing/erfolgreichste-influencer (abgerufen am 25.04.2023, mittlerweile ist hier die aktualisierte Liste für 2024 zu finden).
113	Ebenda.
114	Ebenda.
115	Aesop, Der Ochsentreiber und Herkules. URL: https://www.projektgutenberg.org/aesop/fabeln/chap075.html.
116	Vgl. dazu und dem Folgenden o. V. (2019). Nichts war erfolgreicher als die »Zerstörung der CDU«. Spiegel Online, URL: https://www.spiegel.de/netzwelt/web/youtube-jahrescharts-2019-rezo-und-die-zerstoerung-dercdu-auf-platz-eins-a-1299836.html. Hier finden Sie das Original-Video: https://www.youtube.com/watch?v=4Y1lZQsyuSQ.
117	o. V. (2020). Letzte Worte an Rezo. FAZ Online, URL: https://www.faz.net/aktuell/politik/zerstoerung-der-presse-von-rezo-eine-antwort-derredaktion-16826731.html. Rezos Entschuldigung auf Twitter: https://twitter.com/rezomusik/status/1274989446178406402.
118	Curd Wunderlich (2020). Rezos »Zerstörung der Presse« im Faktencheck. Welt Online, URL: https://www.welt.de/vermischtes/article209330561/Rezo-Zerstoerung-der-Presse-im-Faktencheck-YouTuber-macht-Fehler.html; vgl. auch Hanno Beck (2022). Medienökonomie. Print, Fernsehen, Multimedia. 4. Auflage, Springer: Heidelberg.
119	Siehe dazu Thomas Ramge (2018). Mensch und Maschine. Wie künstliche Intelligenz und Roboter unser Leben verändern. Reclam: Stuttgart,

Kapitel III, S. 43–52. – Ob Maschinen eines Tages auch jenseits dessen, was sie gelernt haben, denken können, ist eine momentan unbeantwortbare Frage.
120 Siehe zu den Aspekten des Bewusstseins Wolfgang Detel (2021). Grundkurs Philosophie. Band 3: Philosophie des Geistes und der Sprache. Reclam: Stuttgart, Kapitel 9, hier insbesondere S. 95 ff.
121 Vgl. Arnold Kitzmann (2022). Künstliche Intelligenz. Springer: Wiesbaden, S. 118 f.
122 Vgl. dazu Julia Dönch und Robin Schmitt (2023). Urheberrechtlich ist ChatGPT ein Minenfeld. URL: https://www.faz.net/aktuell/technik-motor/digital/chatgpt-ist-urheberrechtlich-ein-minenfeld-18661332.html.
123 Siehe dazu Felina Steigner (2023). ChatGPT kostenlos nutzen: Das müssen Sie wissen. URL: https://praxistipps.chip.de/chatgpt-kostenlos-nutzen-das-muessen-sie-wissen_154970.
124 McKenzie Sadeghi und Lorenzo Arvanitis (2023). Rise of the Newsbots: AI-Generated News Websites Proliferating Online. News Guard Online, URL: https://www.newsguardtech.com/special-reports/newsbots-ai-generated-news-websites-proliferating.
125 Die Geschichte von Ljudmila Sawtschuk erzählt Peter Pomerantsev (2019). This is not propaganda: Adventures in the war against reality. Faber & Faber: London.
126 Zit. nach o. V. (2017). Der russische Staat hackt nicht, aber … FAZ Online, URL: https://www.faz.net/aktuell/politik/ausland/putin-schliesst-cyberangriffe-patriotischer-russen-nicht-aus-15042732.html.
127 Zit. nach o. V. (2023). Wagner-Chef Prigoschin gibt Gründung von »Trollfabrik« zu. NTV Online, URL: https://www.n-tv.de/politik/Wagner-Chef-Prigoschin-gibt-Gruendung-von-Trollfabrik-zu-article23917324.html.
128 Ben Nimo (2023). Meta's adversarial threat report, first quarter 2023. URL: https://about.fb.com/news/2023/05/metas-adversarial-threat-report-first-quarter-2023.
129 Mathias Brandt (2018). Internet Research Agency: Die Bilanz der »Trollfabrik«. Statista Online, URL: https://de.statista.com/infografik/16459/anzahl-der-monatlichen-posts-der-internet-research-agency.
130 o. V. (2024). Russische Kampagne aufgedeckt. Tagesschau Online, URL: https://www.tagesschau.de/inland/desinformation-kampagne-russland-100.html.
131 Vgl. Erin E. Buckels et al. (2018). Internet trolling and everyday sadism: Parallel effects on pain perception and moral judgment. Journal of Personality 87 (2), S. 328–340.
132 Mathias Brandt (2022). Good Bot, bad Bot. Statista Online, URL: https://de.statista.com/infografik/27498/anteil-des-durch-bots-verursachten-webtraffics.
133 Den Bericht über den entsprechenden Teil des Projekts finden Sie unter: https://forbiddenstories.org/story-killers/team-jorge-disinformation.

134 Statista (2023e). Anteil der Nutzer von Social Media in Deutschland nach Bundesländern im Jahr 2021/22. Statista-ID 210763, URL: https://de.statista.com/statistik/daten/studie/210763/umfrage/nutzung-von-social-media-in-deutschland-nach-bundeslaendern.
135 Statista (2022a). Ranking der größten Social Networks und Messenger nach der Anzahl der Nutzer im Januar 2022 (in Millionen). Statista-ID 181086. URL: https://de.statista.com/statistik/daten/studie/181086/umfrage/die-weltweit-groessten-social-networks-nach-anzahl-der-user.
136 Statista (2022b). Ranking der wichtigsten sozialen Netzwerke in Deutschland nach Markenbekanntheit im Jahr 2022. Statista-ID 1309960. URL: https://de.statista.com/statistik/daten/studie/1309960/umfrage/bekannteste-soziale-netzwerke-in-deutschland.
137 René Bocksch (2022). Deutsche online vergleichsweise gutgläubig. Statista Online, URL: https://de.statista.com/infografik/26434/anteil-der-befragten-der-infos-von-newsseiten-und-social-media-ueberprueft.
138 Statista (2023f). Edelman Trust Barometer: Vertrauen in die Medien als Institution weltweit nach Ländern im Jahr 2023 (Top-4-Box). URL: https://de.statista.com/statistik/daten/studie/959693/umfrage/vertrauen-in-die-medien-weltweit-nach-laendern.
139 Statista (2023g). Ranking der Länder mit höchster durchschnittlicher Nutzungsdauer von Social Networks weltweit im Jahr 2021 (in Minuten pro Tag). Statista-ID 160137. Bezugsbasis sind Personen im Alter von 16 bis 64 Jahre.
140 Ebenda, S. 34.
141 Statista (2023h). Industrien & Märkte: Fake News, S. 5. URL: https://de.statista.com/statistik/studie/id/42498/dokument/fake-news.
142 Ebenda, S. 6.
143 Ebenda, S. 6.
144 Ebenda, S. 29.
145 Siehe dazu und dem Folgendem o. V. (2023). Kleine-Welt-Phänomen. Wikipedia, URL: https://de.wikipedia.org/wiki/Kleine-Welt-Ph%C3%A4nomen.
146 Mark Buchanan (2002). Small Worlds. Das Universum ist zu klein für Zufälle. Campus: Frankfurt/New York, S. 16 und 17.
147 Der Begriff geht auf den amerikanischen Internetaktivisten Eli Pariser zurück, siehe Eli Pariser (2012). Filter Bubble. Wie wir im Internet entmündigt werden. Hanser: München. Siehe dazu auch Wissenschaftliche Dienste Deutscher Bundestags (2022).»Echokammern« und»Filterblasen« in digitalen Medien. WD 10-3000-007/22, S. 9 ff.
148 Ganz so clever ist diese Software bisweilen aber auch nicht: Kaufen Sie beispielsweise einen Entsafter im Internet, bekommen Sie anschließend Werbung zu mehr Entsaftern – aber kauft man deswegen einen zweiten Entsafter? Und wenn Sie Heavy-Metal-Fan sind, aber im Netz eine Ober-

	krainer-Volksmusik-CD für Ihre Oma kaufen, kann das ein Kaufempfehlungssystem schon leicht durcheinanderbringen.
149	Neuer Forschungsergebnisse legen nahe, dass die Effekte von Filterblasen und Echokammern stark überschätzt werden. Siehe dazu Birgit Stark, Melanie Magin und Pascal Jürgens (2021). Maßlos überschätzt. Ein Überblick über theoretische Annahmen und empirische Befunde zu Filterblasen und Echokammern. In: Mark Eisenegger et al. (Hrsg.), Digitaler Strukturwandel und Öffentlichkeit. Historische Verortung, Modelle und Konsequenzen. Springer VS: Wiesbaden, S. 303–321.
150	So der Titel eines Buches: Vince Ebert (2008). Denken Sie selbst! Sonst tun es andere für Sie. Rowohlt: Reinbek bei Hamburg.
151	Cass R. Sunstein (2001). Echo chambers: Bush v. Gore, impeachment, and beyond. Princeton University Press: Princeton, N.J.
152	Die Begriffe »Filterblase« und »Echokammer« überschneiden sich weitgehend. Nach einer Ausarbeitung der Wissenschaftlichen Dienste der Deutschen Bundestags besteht der Unterschied darin, dass man sich in einer Filterblase alleine aufhält (also alleine den angebotenen Links folgt), während in Echokammern mehrere Personen sich gegenseitig in ihren Meinungen bestätigen und bestärken. Siehe dazu Wissenschaftliche Dienste Deutscher Bundestag (2022), »Echokammern« und »Filterblasen«, a. a. O.
153	Eine ausführliche Darstellung der Forschungslage zur Theorie und Empirie von Echokammern finden Sie bei Jan Philipp Rau und Sebastian Stier (2019). Die Echokammer-Hypothese: Fragmentierung der Öffentlichkeit und politische Polarisierung durch digitale Medien? Zeitschrift für vergleichende Politikwissenschaft 13, S. 399–417.
154	Für Interessierte mit einer Schwäche für wissenschaftliche Artikel: Avinash K. Dixit und Jörgen W. Weibull (2007). Political polarization. Proceedings of the National Academy of Sciences 104 (18), S. 7351–7356 sowie die vorangehend genannte Quelle.
155	Siehe dazu beispielsweise Hobolt, Leeper und Tilley (2021), Divided by the vote, a. a. O.
156	Von den abstimmungsberechtigten Personen im Alter von 18 bis 24 Jahren nahmen 64 Prozent am Referendum teil, von denjenigen über 65 Jahren stimmten dagegen 90 Prozent ab. o. V. (2023). Causes of the vote in favour of Brexit. Wikipedia, URL: https://en.wikipedia.org/wiki/Causes_of_the_vote_in_favour_of_Brexit.
157	Nicht überprüfte Informationen spielten in der Kommunikation bei der Corona-Pandemie eine Rolle. Auf die Wichtigkeit überprüfter Informationen in diesem Diskurs weist u. a. hin: Fabiana Zollo (2020). Echokammern und Polarisierung. BfR2Go 02/2020, S. 20–21.
158	Kurt Tucholsky (1993 [1931]). Kurzer Abriss der Nationalökonomie. In: Ders., Gesammelte Werke, hrsg. von Mary Gerold-Tucholsky und Fritz J.

	Raddatz, Band 9, Rowohlt: Reinbek bei Hamburg, S. 287–289, hier S. 289. – Im Originaltext steht anstelle von »IT« das Wort »Börse«.
159	Siehe dazu und dem Folgenden Walter Krämer (2002). Statistik für die Westentasche. Piper: München/Zürich, S. 104.
160	Siehe Niklas Luhmann (1996). Die Realität der Massenmedien. 2. Aufl., Westdeutscher Verlag: Opladen.
161	o. V. (1995). Brent Spar, broken spur. Nature 375, S. 708 (Übersetzung d. Verf., Original: »Shell Oil's decision not to sink a used oil-rig at sea is a needless dereliction of rationality.«). *Nature* sagt auch, warum es vermutlich besser gewesen wäre, die Bohrinsel zu versenken: »[D]ie Bakterien am Meeresboden hätten die Ankunft von Brent Spar begrüßt, als ob alle ihre Weihnachten auf einmal gekommen wären. Viele Tiefsee-Mikroben benötigen Schwermetalle als Elektronen- oder Energiequelle in ihrem Stoffwechsel.« (Ebenda, Übersetzung d. Verf.; Original: »[T]he bacteria of the ocean floor would have greeted the arrival of Brent Spar as if all their Christmases had come at once. Many deep-sea microbes require heavy metals as electron or energy sources in their metabolism.«)
162	Seppo E. Iso-Ahola und Ken Mobily (1980). »Psychological momentum«: A phenomenon and an empirical (unobtrusive) validation of its influence in a competitive sport tournament. Psychological Reports 46 (2), S. 391–401.
163	Siehe dazu Amos Tversky und Daniel Kahneman (1971). Belief in the law of small numbers. Psychological Bulletin 76 (2), S. 105–110. Z. B. Thomas Gilovich, Amos Tversky und Robert Vallone (1985). The hot hand in basketball: On the misperception of random sequences. Cognitive Psychology 17 (3), S. 295–314. Siehe Gary S. Becker (1991). A note on restaurant princing and other examples of social influences on price. Journal of Political Economy 99 (5), S. 1109–1116.
164	John Stuart Mill (1997 [1859]). On Freedom of Speech. In: Anthony Kelbrook (Hrsg.), Mill. Plain Texts from Key Thinkers. Parma Books: London, S. 69–85, hier S. 69 (Übersetzung d. Verf.; Original: »If the opinion is right, they [the human race, d. Verf.] are deprived of the opportunity of exchanging error for truth: if wrong, they lose, what is almost as great a benefit, the clearer perception and livelier impression of truth, produced by its collision with error.«).
165	Siehe dazu Hanno Beck (2014). Behavioral Economics. Springer Gabler: Wiesbaden, S. 58 ff., Michelle Baddeley (2017). Behavioural Economics. A Very Short Introduction. Oxford University Press: Oxford, S. 101 f.
166	Vgl. Justin Kruger und David Dunning (1999). Unskilled and unaware of it. How difficulties in recognizing one's own incompetence lead to inflated self-assessments. Journal of Personality and Social Psychology 77 (6), S. 1121–1134.

167	Siehe dazu Raisa Sherif (2022). Why do we vote? Evidence on expressive voting. Max Planck Institute for Tax Law and Public Finance, Working Paper 2022-04, DOI: 10.2139/ssrn.4062678.
168	Siehe dazu Carlos Algara und Roi Zur (2023). The Downsian roots of affective polarization. Electoral Studies 82, 102581, DOI: 10.1016/j.electstud.2023.102581.
169	Gustave Le Bon (1951). Psychologie der Massen. 61. Aufl., Kröner: Stuttgart.
170	Vgl. Hobolt, Leeper und Tilley (2021), Divided by the vote, a. a. O.
171	Frederik Mallon (2023). Propaganda-Fail: Dieser »ukrainische« Busbahnhof steht in Hamburg-Poppenbüttel!. Der Volksverpetzer, URL: https://www.volksverpetzer.de/faktencheck/fail-busbahnhof-in-hamburg-poppenbuettel.
172	Für eine Übersicht vgl. Sakshini Hangloo und Bhavna Arora (o. D.). Fake news detection tools and methods – a review. Working Paper des Department of Computer Science & Information Technology, Central University of Jammu. URL: https://arxiv.org/ftp/arxiv/papers/2112/2112.11185.pdf.
173	David Mikkelson (1999). Did a topless woman appear in Disney's ›The Rescuers‹? Snopes, URL: https://www.snopes.com/fact-check/the-rescuers-topless und Ders. (1995). Was Walt Disney Frozen? Snopes, URL: https://www.snopes.com/fact-check/suspended-animation.
174	Faktencheck bei dpa, URL: https://www.dpa.com/de/faktencheck; AFP Faktencheck, URL: https://faktencheck.afp.com.
175	Tatze (2023). Neue Studie widerlegt die Argumente gegen ein Tempolimit. Der Volksverpetzer, URL: https://www.volksverpetzer.de/analyse/neue-studie-tempolimit; die Studie: Stefan Gössling et al. (2023). The economic cost of a 130 kph speed limit in Germany. Ecological Economics 209 (July 2023), 107850. DOI: 10.1016/j.ecolecon.2023.107850.
176	Alexander Eisenkopf et al. (2023). A commentary on »The economic cost of a 130 kph speed limit in Germany«. Preprint, DOI: 10.13140/RG.2.2.18316.69769.
177	Von Alberto Brandolini selbst gibt es offenbar nur einen Twitter-Post mit dieser Idee, den können Sie hier sehen: https://twitter.com/ziobrando/status/289635060758507521. Vgl. Thomas Kobel (2016). Das Bullshit-Gesetz: Warum Lügen lange Beine haben. SRF Online, URL: https://www.srf.ch/wissen/mensch/brandolinis-gesetz-das-bullshit-gesetz-warum-luegen-lange-beine-haben.
178	Fabiana Zollo et al. (2017). Debunking in a world of tribes. PLoS One 12 (7), e0181821, DOI: 10.1371/journal.pone.0181821.
179	Zit. nach o. V. (2023). Fox News: Now what? The Economist vom 22.04.2023, S. 19–20, hier: S. 20.
180	Vgl. ebenda.
181	Jamie Wiseman (2020). Rush to pass ›fake news‹ laws during Covid-19 intensifying global media freedom challenges. International Press Institute,

	URL: https://ipi.media/rush-to-pass-fake-news-laws-during-covid-19-intensifying-global-media-freedom-challenges.
182	Hier geht es zum Spiel: https://harmonysquare.game.
183	Das Spiel gibt es hier: https://catpark.game.
184	Interesse? Dann klicken Sie hier: https://www.lizardsandlies.ca.
185	Das können Sie hier spielen: https://store.steampowered.com/app/1147550/Not_For_Broadcast.
186	Beth Goldberg (2023). Ein neuer Weg, um Desinformation im Netz zu bekämpfen. Google Deutschland, URL: https://blog.google/intl/de-de/unternehmen/technologie/prebunking-gegen-desinformation-jigsaw-google.
187	Jon Roozenbeek und Sander van der Linden (2020). Breaking ›Harmony Square‹: A game that ›inoculates‹ against political misinformation. Harvard Kennedy School Misinformation Review 1 (8), DOI: 10.37016/mr-2020-47.
188	Beispielsweise Christian Scheibenzuber, Sarah Hofer und Nicolae Nistor (2021). Designing for Fake News literacy training: A problem-based undergraduate online-course. Computers in Human Behavior 121 (August), 106796, DOI: 10.1016/j.chb.2021.106796 oder Jan Roozenbeek und Sander van der Linden, Sander (2019). The fake news game: Actively inoculating against the risk of misinformation. Journal of Risk Research 22 (5), S. 570–80, DOI: 10.1080/13669877.2018.1443491 und Rakoen Maertens et al. (2021). Long-term effectiveness of inoculation against misinformation: Three longitudinal experiments. Journal of Experimental Psychology: Applied 27 (1), S. 1–16, DOI: 10.1037/xap0000315. Es gibt aber auch kritische Stimmen, beispielsweise Ariana Modirrousta-Galian und Philip A. Higham (2023). Gamified inoculation interventions do not improve discrimination between true and fake news: Reanalyzing existing research with receiver operating characteristic analysis. Journal of Experimental Psychology: General 152 (9), S. 2411–2437, DOI: 10.1037/xge0001395.
189	Das können Sie hier spielen: https://www.politische-bildung.nrw.de/fileadmin/3rdparty/fn-game/index.html.
190	Und zwar hier: https://games-im-unterricht.de/games/fake-it-make-it.
191	Versuchen Sie es einmal selbst: https://www.getbadnews.de.
192	Aesop, Der Ochsentreiber und Herkules. URL: https://www.projekt-gutenberg.org/aesop/fabeln/chap075.html.

Stichwortverzeichnis

A

Adrenochrom *34*
Affektive Polarisation *118*, *119*
Akerlof, George A. *47*, *48*, *143*
Alternative Fakten *20*, *21*
Aufmerksamkeitsökonomie *52*

B

Becker, Gary S. *40*
Betroffenheitseffekt *siehe* False-Empathy-Effekt
Bewertungseffekt *112*
Bolsonaro, Jair *12*
Bot *87*, *89*, *93*, *129*, *130*
Brandolinis Gesetz *125*
Brent Spar *113*, *150*
Brexit *12*, *90*, *109*, *110*, *119*
Bullshit-Asymmetrie-Gesetz *siehe* Brandolinis Gesetz

C

Cantadora *91*
Capote, Truman *23*
Cat Park *130*

ChatGPT *87*
Clinton, Hillary *8*
Content-Farmen *89*
Conway, Kellyanne *20*
Coordinated Inauthentic Behavior *92*
Correctiv *123*
Cyberkrieg *94*

D

Debunking *126*, *130*
Deep Fake *37*, *38*, *90*
Disney, Walt *123*
Doomscrolling *54*
Dunning-Kruger-Effekt *117*

E

Echokammer *56*, *107*, *108*, *110*, *118*, *134*, *149*
Erfahrungsgut *48*

F

Faktenbündelung *63*, *64*
Faktencamouflage *61*

Faktenchecker *49, 50, 115, 121, 122, 124–126, 130*
Faktenselektion *53, 57, 63, 119*
False-Empathy-Effekt *116*
Filterblase *103–107, 110, 134, 149*
Fluch der IT *106*

G

German-Austrian Digital Media Observatory (GADMO) *123*
Gerücht *8, 10, 11, 14, 18, 52, 123, 129*

H

Harmony Square *129–131*
Herdeneffekt *85, 114, 115*
Hoax *8*
Horror-Clown-Welle *18*

I

Impressum *135*
Influencer *50, 82–86, 102*
Inspektionsgut *48*
Investigativ-Journalismus *81, 93*

J

Johnson, Boris *12*
Journalismus, literarischer *23*

Journalismus, narrativer *23, 54, 117*

K

Kaufempfehlungssystem *103, 149*
Kleine-Welt-Phänomen *101*
Kognitive Dissonanz *134*
Künstliche Intelligenz *86–90*

L

Lanz, Markus *15*
Leitmedieneffekt *112*
Lizards and Lies *130*

M

Meinung *18, 20, 26–30, 54–66, 69, 77, 79, 86, 89, 90, 107–110, 112–116, 119, 120, 124, 128, 149*
Meinung siehe auch Werturteil
Mimikama *123*
Momentum-Effekt *113, 114*
Monokausalitätseffekt *115*
Monoquellenjournalismus *80*
Moralisierung *19, 56, 57, 109, 117*
Multiplikator-Effekt *106*

N

Nachrichtenagentur *78, 79*
New Journalism *23*

Stichwortverzeichnis

Nordkorea *82*
Not for Broadcast *130*

O

Obama, Barack *13, 37*
Ökonomische Theorie der Kriminalität *40*
Overconfidence *117*

P

Pfister, René *23, 24*
Postfaktische Wahrheit *siehe* Post-truth
Postmoderne *32, 141*
Post-truth *18, 19*
Prebunking *131*
Pressemitteilung *78, 79*
Prigoschin, Jewgeni *92*
Propaganda *8, 20, 91, 93, 128, 130, 136*
Public Relations *17, 45, 68, 78*
pump and dump *14*
Putin, Vladimir *38, 91, 92*

Q

Querdenker *106*

R

Ramses II. *8*

Relotius, Claas *21–24, 54*
Ronaldo, Christiano *9, 10*

S

Satire *31–33, 123, 141*
Sawtschuk, Ljudmila *91, 92, 147*
Schlafschaf *36*
Schleife *105*
Selektionsverzerrung *111*
Six Degrees of Separation *101*
Small Worlds *101*
Sokal, Alan *31, 32*
Spin *11, 20*
Storykillers *93*
Storytelling *23, 54*
Sunstein, Cass *107*
Szenische Rekonstruktion *24*

T

Tempolimit *111, 124*
TINA *60, 144*
Transformative Hermeneutik der Quantengravitation *31*
Trittbrettfahrer *57*
Troll *91, 93, 130*
Troll-Fabrik *44, 91–94, 127*
Trump, Donald *18–21, 37, 90, 126, 127*
Twitter *siehe* X

V

Van der Bellen, Alexander *34*
Verschwörung *36, 73, 120, 126*
Verschwörungstheorie *8, 34–36, 107, 125, 126, 130*
Vertrauensgut *48–51, 121*

Wissenschaftsskandal *33*
Wunschdenken *51, 72*

X

X *13, 34, 53, 92, 95, 96*

W

Werbung *15–18, 21, 45, 49–51, 53, 67, 68, 80, 82, 83, 90, 103, 139, 148*
Werturteil *26–30, 59, 60, 117, 119*
Werturteil *siehe auch* Meinung

Z

Zitronenproblem *47, 70*